Peace Studies

今、平和にとって
「国民」とは何か

The Nation and Peace

日本平和学会編

早稲田大学出版部

**The Nation and Peace,
Peace Studies Vol. 55**

The Peace Studies Association of Japan
email: office@psaj.org
http://www.psaj.org/

First published in 2021 by
Waseda University Press Co., Ltd.
1-9-12 Nishiwaseda
Shinjuku-ku, Tokyo 169-0051
www.waseda-up.co.jp

ISBN 978-4-657-21003-6
Printed in Japan

今，平和にとって「国民」とは何か
コロナ禍のなかで平和を考える

は じ め に

　われわれ人類は複合危機のもとにある。緊喫の問題は，アントニオ・グテーレス（António Guterres）国連事務総長が「第二次世界大戦以来の危機」と述べた，新型コロナウイルス感染症（COVID-19: COrona VIrus Disease 2019）の世界的流行（パンデミック）である（『朝日新聞』2020年4月1日[1]）。COVID-19の終息が見通せないなか，2020年11月末現在，世界のCOVID-19感染確認者数は6,200万人，同死者数は145万人に達する（Coronavirus Update, Worldmeter[2]）。事実上，こうした感染症の世界的流行は一部を除き，予見の範囲になかった（Johns Hopkins University ［2018］; World Economic Forum, News release, October 15, 2019）。しかし，COVID-19が地球規模で人類の暮らしを根底から脅かしている以上，「今，平和にとって『国民』とは何か」をテーマとする本号においても，その出発点たる「今」をここで十二分に検討すべきと思われる。

　COVID-19の影響は地球規模での人的被害だけではない。その感染拡大防止策としての人の移動と物流のかつてない規模での制限，すなわち，国境の復活が象徴する，国家による「経済の停止」も全世界に影響を及ぼしている。この未解明の感染症の拡大により，2020年第一四半期の世界の輸出額は前年同期比5.8%減となり，貿易制限的な措置が世界中で導入された（日本貿易振興機構 ［2020］）。コロナ禍の影響はさらに，緊急事態と公権

力の関係，文化や歴史的遺産の継承など，政治や社会，文化のあり方にまで及ぶ。

2020年1月，過去に例のない，残り100秒を指すに至った核の終末時計の針（Mecklin［2020］），人為起源の二酸化炭素（CO_2）増加が引き起こすとされる気候変動，開発や遺伝子操作，工業型農業などによる地球生態系の汚染や破壊，生物多様性の喪失も，COVID-19の世界的大流行とならぶ緊喫の問題である。人類による自然破壊にCOVID-19が起因する可能性も指摘される（井田［2020］）。

遍在する危機はあらゆる生命を脅かし，われわれ人類の平和裡の生存を拒む。何より，目に見えない新型コロナウイルス（SARS-CoV-2）によって人類の生存が脅かされる状況は，伝統的な安全保障，すなわち，軍事的な国家安全保障の無意味をわれわれに突きつける（川崎［2020］）。軍隊も核兵器も感染症との対峙には何の役にも立たない。

地球規模の複合危機にあっては，国際社会，なかでも国家間の協調こそが危機克服への第一歩であろう。人間が人間らしく生きる場，すなわち平和のうちに暮らすことのできる場に包括的に関わるのは地球をくまなく覆う国家をおいてほかにない。

1 危機に国家指導者はどう対応したか

国家，とりわけ欧州の諸国家は2019年末に始まる新型コロナ危機に，どのように対応したのか。

1 ドイツ

ドイツ首相アンゲラ・メルケル（Angela Merkel）はCOVID-19拡大への対応のため，2020年3月18日，「ドイツに暮らす人々」に向けて，恒例の新年演説を除いては首相就任（2005年11月）以来初のテレビ演説（13分弱）を行った（圏点はドイツ首相府発表の原文の大文字部分；［　］は筆

者補足）（Bundesregierung［2020］）。

　親愛なるドイツにお住まいの皆様

　……開かれた民主主義に必要なことは，私たちが政治的決断を透明にし，説明すること，私たちの行動の根拠をできる限り示して，それを伝達することで，理解を得られるようにすることです。

　　もし，ドイツにお住まいの皆さんがこの課題を自らの課題として理解すれば，私たちはこの試練を乗り越えられると固く信じています。このため，次のことを言わせてください。

　　事態は深刻です。あなたも真剣に考えてください。

　……私は，あなたがた一人ひとりが必要とされている理由と，一人ひとりがどのような貢献をできるかについてもお伝えしたいと思います。

　……我々は，どの命も，どの人も重要とする共同体です。

　……私がここで言うことはすべて，連邦政府とロベルト・コッホ研究所［国立の感染症対策の拠点］の専門家やその他の学者，ウイルス学者との継続協議から得られた所見です。

　……私たちは政府として，どのような手段が修正できるか，また，どのようなさらなる手段が必要なのかを常に再評価します。……いつでも私たちの思考を見直し，新しい手段で対応できるようにします。その際には再度理由をご説明します。……発表内容は多くの言語にも翻訳されます。

　……私たちは民主主義社会です。私たちは強制ではなく，知識の共有と協力によって生きています。これは歴史的な課題であり，力を合わせることでのみ克服できるものです。

　メルケル首相はCOVID-19の流行を「ドイツ統一以来，ではなく，第二次世界大戦以来，ドイツにとって最大の試練」（同演説）と捉え，民主主義社会として，ドイツ政府が透明な政治的決断・科学的根拠に基づく住民への説明を行うこと，住民の理解に基づく当事者としての一致団結した行動がこの危機克服に不可欠の対応であることを，ドイツに住む人々──

総人口のうち，移民背景人口（本人，または両親の片方がドイツ人以外の人口）は総人口の26％，2,100万人（2019年）（Statistisches Bundesamt, Press release No.279, 2020）——に寄り添いつつ，誠実に伝えたのである。

　旧東ドイツ育ちの同首相はまた，民主主義社会における自由の制限の正当化について，次のように明言した。

　　……私は保証します。旅行および移動の自由が苦労して勝ち取った権利である私のようなものにとって，このような制限は絶対的に必要な場合のみ正当化されるもので，そうしたことは民主主義社会において決して軽々しく導入するべきではなく，一時的にしか許されません。

　加えて，同首相は医療や介護に携わる人々，スーパーマーケットの従業員などへの感謝の言葉を述べ，連邦政府が経済的衝撃を緩和し雇用を守ることに全力を尽くすこと，食料供給が途絶えないようにすることを表明するとともに，ドイツが一人ひとりの生命と一人ひとりを尊重する共同体であり，思いやりある，合理的な行動で命が守られること，それはどのような例外もなく，我々一人ひとりの行動にかかっていると述べた。

2　フランス

　フランス大統領エマニュエル・マクロン（Emmanuel Macron）は「われわれは戦争状態にある」と21分のテレビ演説で6回繰り返した（2020年3月16日）（Élysée［2020］）。マクロン大統領はまた，COVID-19封じ込めは「健康戦争」であり，「われわれは他の軍や他国と戦っているのではない」，「敵［＝新型コロナウイルス］は遍在し，見えず，つかみどころがない」とも述べた（［　］は筆者補足）。

　同大統領はCOVID-19感染拡大防止のための外出原則禁止などをフランスの人々に課し団結を呼びかけ，公務および医療の支援に軍の展開を命じる一方，緊縮財政の先鋒に立ってきたものの医療支出の上限を取り払うことを約束したのみならず，年金改革——2018年11月から続く，燃料税値上げへの抗議に端を発する，同政府への抗議運動「黄色いベスト」の対象

の一つ——の凍結を宣言した。医療関係者などへの謝意も表明している。

3 英 国

英国首相ボリス・ジョンソン（Boris Johnson）は2020年3月23日，テレビ演説（6分）を行った（Government of United Kingdom, 2020）。ジョンソン首相はこの演説で，COVID-19感染拡大阻止と感染拡大に伴う医療崩壊を防ぐため，即時の外出原則禁止，店舗の封鎖，集会の禁止などを指示し，これらの制限措置は常に見直されることを確約した。また，もし諸規則に従わないならば，警察が力を行使する（罰金などを含む）と表明する。

同首相は，人々が日常生活を支障なくおくるために，また，COVID-19封じ込めのために働いている人々に謝意を表明し，一人ひとりがCOVID-19感染拡大阻止に向けて力を合わせる義務があり，そうすることによってこの試練を乗り切ろうと結んだ。

これら3国の対応において，フランス大統領マクロンの演説は異色と言わねばならない。マクロン大統領は平時にもかかわらず，「戦争だ」と不安と恐怖を呼び覚ます言葉を6回も，また，それに類する言葉も使用し，軍を全土に投入した。ラジ・リ（Ladj Ly）監督——現在も住むセーヌ＝サン＝ドニ県出身の移民2世——が『レ・ミゼラブル（*Les Misérables*）』（2019年）で克明に描き出したように，フランス社会が大きな分断を抱えるなか，戦争の比喩はマクロン大統領自身の権力基盤の強化を意図したとみてよい[3]。しかし，同大統領の年金改革凍結など「一時的な譲歩」はフランスの人々に驚きを持って迎えられ，その結果，同大統領への支持率は過去にない水準に上昇した（*France24*, March 21, 2020）。

英国首相ジョンソンの場合も，危機に際しての指導者の例に漏れず，支持率は上昇した（Smith [2020]）。同首相はまた，「enlist（兵籍に入れる，志願入隊する）」という軍事関連用語を使用し，コロナウイルスとの戦い（fight）への一人ひとりの関与を強く促した（Government of United Kingdom〔2020b[4]〕）。

　ドイツにおいては上述の演説直前から国境封鎖，外出原則禁止などの措置がとられていた。同国の人々はしかし，一国の指導者としてのメルケル首相の演説——マクロン大統領とは対照的であり，いわゆる「戦争用語」は一切使っていない——を，同国における COVID-19危機の内実と COVID-19への対処方針を真摯かつ論理明快に伝えつつも励ましや思いやりも届け，希望も与えるものとして高く評価した（*France24*, March 24, 2020; *The Guardian*, June 6, 2020.）。メルケル首相はこの演説において指導者としての見識を示し，信頼という政治的資源を獲得したと言ってよい。

　このように，コロナ禍という広義の安全保障上の危機に際し，理性に訴えるか感情に訴えるかなど，各国指導者の演説の言葉や所作，また節目節目の指示は異なっている[5]。

　各国指導者が自国の人々の強固な支持を演説などを通じて調達できたとしても，地球規模の COVID-19の拡大をはじめとする複合危機に対処し，今般の「平和ならざる状態」をわずかずつでも解消していくには，現在の各国が抱え，地域が共有する諸問題との関係から出発するほかない。

　COVID-19は，現在，世界各地でどのような問題を惹起しているのか。

2　国家による「経済の停止」——COVID-19と経済・社会

　コロナ禍の拡大は国家による「経済の停止」をもたらした。新自由主義を加速し，新自由主義によって加速される経済のグローバル化が労働市場のグローバル化を必然的に帰結し，国内の格差の拡大，および先進国・途上国間の格差の拡大をもたらしているなかにおいてである。その結果は，格差，言い換えれば，分断の深化および顕在化である。

　たしかに新型コロナウイルスは人を選ばない。しかし，社会的立ち位置の異なる人々への影響は同じではない。その理由は経済格差，および経済格差がもたらす健康格差にある。フランスにあっては首都パリ郊外のセー

ヌ＝サン＝ドニ県──旧フランス領出身の移民2世・3世が多く住む──のCOVID-19死亡率はフランス平均の60倍（デパント［2020］52頁），米国にあっては，黒人のCOVID-19死亡率は白人の2倍以上であり（『朝日新聞』2020年6月8日），都市国家シンガポールにあっては，外国人労働者──総人口の3割を占め，狭い共同宿舎に住む──が同国におけるCOVID-19罹患者の93％を占める（*Nikkei Asia*, June 9, 2020）[6]。

　社会の分断は，人種差別思想や外国人嫌悪に基づく差別や暴力，すなわち排外主義として現出する。コロナ禍はそれ以前から存在する分断を激化・顕在化させた。日本にあっては，さいたま市による朝鮮学校幼稚部へのマスク配布除外（『朝日新聞』2020年3月11日）が，韓国にあっては，移住労働者への公的マスク供給除外や移住労働者の外出禁止（『ハンギョレ』2020年3月21日）が，インドにあっては，新型コロナウイルス拡散がヒンドゥー政権や警察に「コロナ・テロリズム」，「コロナ聖戦」──ヒンドゥー政権に対するムスリムの陰謀──とされた結果，ヒンドゥーによるムスリムへの暴力（*The Guardian*, April 13, 2020）が，フランスにあっては，アジア系住民を新型コロナウイルスにたとえる行為（『朝日新聞』2020年2月20日）が，ハンガリーにあっては，オルバーン・ヴィクトル（Orbán Viktor）首相による，外国人と移住者がCOVID-19を拡散しているとの非難（*France24*, March 13, 2020）が報じられ，欧州にあっては，ロマなど少数民族やキャンプでの避難生活を送る難民・亡命申請者・移民に対する異様に高い比率での差別的な隔離，多様な民族が住む地区の強制隔離，北アフリカ系住民や黒人・少数民族に対する警察による検問や罰金・暴力の多発，外出禁止時におけるホームレスの摘発などを詳述する報告書が公表された（Amnesty International［2020］）。また，中国・広東にあっては，少数のアフリカ系住民（ナイジェリア人）のCOVID-19感染確認に始まる，地元の住民・公務員による，アフリカ系住民に対する追い出しや強制隔離，新型コロナウイルス感染確認検査の強制，こうしたニュースに基づくオンライン上の投稿──人種差別や全アフリカ人の強制帰国要求──の嵐が中国・

ナイジェリア間の外交問題にまで発展した（*France24*, April 11. 2020）。

　労働市場も分断の現場である。COVID-19による不況下，雇用危機の影響は先進国より途上国に大きく，男性より女性に不均衡なまでに大きい（ILO Monitor, June 30, 2020.）。女性は販売や製造など不況の影響を被りやすい職種——なかでも家事・ケア労働は社会的保護が小さい——に多く，学校やケア・サービスの閉鎖が女性の対価とは無縁のケア労働をいっそう増加させるためである。学校の閉鎖や雇用環境悪化がもたらす貧困に起因する児童労働，特に女児の家事労働や農作業への従事の増加も懸念される（UNICEF〔2020〕[7]）。児童労働は，家族が経済的困難に対処する方途だからである。

　国家による「経済の停止」はまた，国際社会を分断し，グローバル経済に大きく依存する国家という単位の脆弱性を白日のもとに曝す。

　COVID-19拡大に伴う「経済の停止」は，その拡大阻止と医療従事者保護のためのマスクをはじめとする医療用品・医薬品の不足を世界各国において招いた（WHO, News release, March 3, 2020; *The New York Times*, March 19, 2020;『日本経済新聞』2020年5月11日，25日）。2020年4月現在，世界貿易機関（WTO）加盟国の80ヵ国が医療用品の輸出禁止・制限措置を講じる（Reuters, April 24, 2020）。米国政府はもっとも，2019年に，同国の97％の抗生物質が中国製，80％の活性医薬品成分（API）が中国製またはインド製であり，医薬品・医療用品供給の1〜2ヵ国への集中を国家安全保障問題として議論していた（Huang〔2019〕）。

　日本にあっても国家安全保障問題が顕在化する。その食料安全保障の脆弱性である。すなわち，日本は第二次世界大戦後，ほぼ一貫して海外への食料依存率（カロリーベース）を上昇させ，ここ十数年，食料の6割以上を海外に依存している（農林水産省〔2020〕）。日本の4割を切る食料自給率はほかの主要国には類を見ない低水準と言わねばならない。ところが，COVID-19拡大に伴い，一部の食料生産国が米や小麦の輸出制限を始めた（『日本農業新聞』2020年4月3日）にもかかわらず，日本は，中国を含むア

ジア・太平洋地域15ヵ国の「地域的な包括的経済連携協定」（RCEP協定，2020年11月署名）など自由貿易・経済連携協定推進の姿勢に変わりはない[8]。しかし，食料は戦略物資である。食料の輸出制限がなくとも，人の移動の停止が食料生産・供給を減少させれば，食料価格高騰，ひいては食料危機は起こりうる（『日本農業新聞』2020年2月9日）。農業労働力を経済格差の大きい国外・域外からの移住労働者に依存する日本や欧米諸国は，COVID-19拡大の最中，食料生産維持のため，季節的な農業労働力確保に特例措置を講じた（*Deutsche Welle*, April 2, 2020;『日本農業新聞』2020年5月23日）。

　国際社会の分断は，このようにグローバル経済と分かちがたく結びつく国際移住労働者——世界で1億6,400万人（ILO, December 5, 2018）——とその送り出し国にも及ぶ。

　コロナ禍に起因する国際移住労働者の解雇や賃金カットは，その送り出し国への送金の大幅な減少を招き，もとより脆弱な送り出し国の経済および移住労働者本人とその家族・親族の生活基盤や子どもの教育に打撃を与える（Sayeh and Chami［2020］）。世界銀行は，2020年のその送金減少率を2割と予測する（World Bank［2020］）が，国際移住労働者からの送金は送り出し国の国内総生産（GDP）の1割前後（フィリピンなど）から3割以上（タジキスタンやバミューダ，トンガ）と幅広く（*Nikkei Asia*, May 1, 2020; Sayeh and Chami［2020］），送金減少がインドやインドネシアなどにおいて政治的不安定に結びつく可能性も指摘される（*Nikkei Asia*, May 28, 2020）。

　移住労働者はもとよりその複数名で共有する狭い居住空間ゆえにCOVID-19感染の危険が高まる（Human Rights Watch, March 27, 2020; *Nikkei Asia*, June 9, 2020）一方，解雇によって生活できず，また，空路の閉鎖ゆえに帰国もかなわない状況や，解雇されたにもかかわらず公的救済から外れる非正規移住労働者の苦境も報告にのぼる（Human Rights Watch, March 31, 2020；*Swiss Info*, May 5, 2020）。

　国境を横断する観光産業にも国際社会の分断は顕著に現れる。国際民間

航空網の寸断や検疫体制の強化によって，国際観光産業は収入と雇用の激減に見舞われた。世界のすべての目的地が旅行制限下にあり（2020年4月現在）（UNWTO, April 28, 2020），世界観光機関（UNWTO）は，2020年の国際旅客収入は60〜80％減と予測する（UNWTO Tourism Barometer, May 2020）。しかも，観光立国は少なくなく，その国・地域の条件によっては影響が著しい。観光収入の GDP に占める割合が10％台前半のフィジーやヨルダン，スペインなどから，60％に近いマカオまでさまざまである（UNWTO Tourism Barometer, May 2020）。

　観光立国ケニア──観光収入は GDP 約10％を占める──にあっては，コロナ禍によって，外国人サファリ観光客からの収入が途絶え，加えて COVID-19拡大に伴う制限による家畜市場・食肉処理場の閉鎖が，家畜の販売という伝統的収入源も絶ってしまった。その結果，観光収入によって雇用が支えられていた野生動物保護区や国立公園の密猟監視員が解雇され，自然や野生動物の保護，すなわち生態系や生物多様性の保全まで危機にある（『ロイター』2020年8月10日）。アジア，アフリカにおいて，野生動物の肉（bushmeat）や象牙などを求める，生活のための密猟の急増が報じられる（*AP*, June 22, 2020; *Deutsche Welle*, July 8, 2020）。

　スペインにあっては他方，バルセロナのバシリカ聖堂「聖家族贖罪教会（サグラダ・ファミリア）」──2005年，ユネスコ世界文化遺産に登録──の建設が，全観光客の94％を占める外国人観光客の激減による資金難で中断され，同教会を再設計した建築家アントニオ・ガウディ（Antoni Gaudí）逝去100年にあたる2026年の完成予定が延期となった（*El País*, English edition, September 21, 2020）。

3　緊急事態と公権力──COVID-19と政治・倫理

　コロナ禍は各国の主権行使のあり方を大きく変容させている。第一は，コロナ禍を奇貨とした政権の権力基盤強化──フィリピンはロドリゴ・ド

ゥテルテ（Rodrigo Duterte）政権の大統領権限集中法（Senate Bill No.1564）（2020年），英国はジョンソン政権の2020年コロナウイルス法（Coronavirus Act 2020），日本は第二次安倍政権の新型インフルエンザ等対策特別措置法の一部改正（2020年）など――である（工藤［2020］; *Rappler*, June 2, 2020; *Computer Weekly*, March 20, 2020；田島［2020］）。いずれもこの厄災を「緊急事態」とし，その対応のため公権力に強い権限を認める。このため，公権力の濫用が人権保障の脆弱化，報道の自由の縮小を招き，社会がCOVID-19大流行以前よりも非民主的な社会へと変貌していく。民主主義は自由で独立したメディアなくしては機能し得ない。人権擁護と民主主義促進を掲げる国際非政府組織（NGO）フリーダム・ハウスは，世界の民主主義は14年連続で後退し続けていると報告する（Freedom House, March 4, 2020）。「民主主義国家」米国も，この後退する民主主義に含まれる。

　権力基盤の強化には，全地球測位システム（GPS）や人工知能（AI）技術――その中心＝機械学習はビッグ・データを多様な「アルゴリズム」解析によって識別・予測・実行する技術――の役割も見逃せない。これらの技術による感染経路の追跡や同感染者の監視，マスクなど医療物資の配分が，透明性の高い情報公開制度，また公衆衛生倫理，すなわち，私権の保護と公衆衛生上の要請の均衡という民主的条件を満たし，COVID-19封じ込めに大きく役立つならば，政府への信頼が醸成され，民主政の基盤を強化しうる（*The Guardian*, September 27, 2020[9]）。

　他方，こうした民主的な条件を欠くならば，GPSやAI技術は，監視と抑圧を旨とする独裁的・非自由主義的民主主義体制に資する。しかも，こうした技術は汎用性が高く，一時的な使用にとどまらず，永続的に使用され続ける可能性は排除できない[10]。

　しかるに，顔認識システムや「スマート・シティ」プラットフォームなど，AI技術を市民監視に活用する国は175ヵ国中75ヵ国にのぼり，立憲民主主義体制による同技術使用の方が独裁的・非自由主義的民主主義体制よりも多い（Feldstein［2019］[11]）。また，AI技術はアルゴリズムを利用したソ

ーシャル・メディアにより世論操作に利用される。近年の代表的事例は，2016年米国・大統領選挙戦や英国・EU離脱（Brexit）を問う2016年国民投票をめぐる運動における，フェイスブックなどソーシャル・メディアが発出するマイクロターゲティング——個人情報から個人の特性・趣味嗜好を解析し，数百という最小単位仕様で広告を作成——手法（報道を偽装した政治広告も含む）による世論操作である（Wylie［2019］）。

　マイクロターゲティング手法による情報は，個々の感情に訴えて怒りや不安を醸成し人々の対立を煽り，投票行動に影響を与え，そして好みの情報で満足感を与えはしても，社会的な共有が望ましい情報を素通りし，物事を考える，あるいは共同で諸問題の解決を探るという方向に人々を向かわせることがない。利用者データを糧にするソーシャル・メディアは，その利用者の監視・操作や，利用者情報の販売に供し，私権を侵害する一方，その利用者に向けた情報としては，偏向＝劣化した，しかしソーシャル・メディア中毒を引き起こしかねない「好みの」情報を発信する。ソーシャル・メディアはその名に反し，反社会的で公共性を有せず，民主主義を掘り崩していく（Vaidhyanathan［2018］）。

　民主主義の後退と対をなすポピュリズムの主流化も，ソーシャル・メディアの興隆と切り離すことができない。民衆の立場の代弁を主張するポピュリスト政党は，近年の中間団体の弱体化のなか，有権者の中核となった無組織層——政治経済エリートの主導するグローバル化が生活を脅かすと感じている層——からの支持調達に，ソーシャル・メディアを利用して，直接その主張を届ける。しかし，ソーシャル・メディアのみでポピュリズムの主流化が達成可能なわけではない。世論の形成から個々人の政治選択に至るまで，現在もインターネット情報を凌ぐ影響力を持つのは新聞，雑誌，テレビ，ラジオなどの伝統的メディアであるため，その伝統的メディアがポピュリズム関連情報を，自社ニュースサイトを含め，ニュースに取り上げ議題として設定することが，ポピュリストの主張を社会的な共有に導くゆえに，ポピュリズムの台頭がある（水島［2020］）。

コロナ禍においてはしかし，ポピュリスト政党の政治経済エリートへの対抗がこの厄災を減じるわけではない。減災には科学的知見に基づく透明な政策選択が必要であり，そうした選択を行う民主的政権は支持を集める（*Deutsche Welle*, April 25, 2020）。しかも，ポピュリズムは民主主義からも権威主義からも生まれるものの，ポピュリスト政党は権力掌握後，政治的な抑圧や社会の非民主化を推し進め，政治腐敗も進む（シーダー［2020］；モンク［2020］）。

AI 技術は諸刃の剣であり，その制御には民主的国家体制とそれらを支え，運用する人々の意志が不可欠となる[12]。

第二は自国第一主義の前景化である。まず，コロナ禍に直接関連する，上述の医療用品・医薬品や食料の輸出中止，そして 1 年未満での新型コロナウイルス・ワクチン開発競争——ワクチン開発には通常，少なくとも10年前後かかる——があげられる（*VOA News*, June 16, 2020; Bollyky and Bowne［2020］[13]）。この米国・ドイツ・英国・中国などの「ワクチン・ナショナリズム」——寡占市場を形成する製薬大手に国家あるいは国家連合が資金を提供する——は自国，しかも一部の自国民を，優先するため，グローバルな格差が地球規模の COVID-19対策と非富裕国の社会・経済を直撃しかねない。この「ワクチン・ナショナリズム」にはまた，ワクチンの安全性と有効性に関わる開発期間の短縮，政治的利害に絡む政府の拙速なワクチン承認とそれらに伴う公衆衛生上の危険および倫理的逸脱，ワクチン開発に関わるスパイ行為（*The New York Times*, September 8, 2020; *The Independent*, December. 2, 2020; *Nature*, No.586, October 8, 2020; *The Guardian*, July 16, 2020）など問題は少なくない。

また，自国第一主義を掲げる米国大統領ドナルド・トランプ（Donald Trump）は，COVID-19をむしろ拡散する対応をとる（*Nature*, No.581, April 28, 2020）。その典型は WHO（WHO Interim Guidance, June 5, 2020）が措定する科学と証拠を無視した，マスク使用および社会的距離の軽視であり，地球規模の COVID-19対策に不可欠な国際協調に背を向ける，WHO

脱退宣言（2020年5月），そして正式の同脱退通告（同7月）である[14]。トランプ政権下の環境保護庁（EPA）はこの厄災の最中，科学的根拠なしに，車の排ガス規制の大幅緩和を策定し，発電所の水銀排出基準も実質的に緩和した（*Nature*, No.581, April 28, 2020）。同政権は大気汚染が酷い地域ほどCOVID-19死者数が多い——米・疾病予防管理センター（CDC）はCOVID-19感染拡大のため，2020-2021年のインフルエンザ統計を中止している（CDC［n.d.］）——にもかかわらず，公衆衛生と環境を犠牲にし，規制されるべき業界の保護を選んだ。科学的根拠に基づかない，不透明な政治は科学への信頼も民主主義も蝕んでいく。

　他方，欧州連合（EU）は，自国・自地域第一主義にとどまることはなかった。EU・同加盟国は当初，域内における無審査での出入国を認めるシェンゲン協定にもかかわらず，EU の理念——自由・民主主義・法の優位・人権の尊重——よりも国益を優先して国境管理を実施し，また，EU 市民保護メカニズム（EU Mechanism of Civil Protection）や EU グローバル戦略などの共有にもかかわらず，COVID-19感染爆発により医療崩壊に瀕した EU 加盟国イタリア——2020年1月31日緊急事態宣言——の支援要請（2020年2月26日）に応じなかった（*The Guardian*, July 15, 2020）[15]。イタリアでの COVID-19感染爆発の原因の一つに，同国が EU とほぼ重なる単一通貨ユーロ圏に属するため，その財政規律による緊縮財政のもと，社会的共通資本である医療体制の脆弱化があった一方，EU・同加盟国側の不支援理由の一つは，公衆衛生は加盟各国の管轄ということにあった。しかしながら，EU・同加盟国は2020年3月以降，域内協力の方向に向かい始め，同域内における医療従事者派遣やマスク配布，中国・武漢市からの EU 市民の本国帰還支援などを経て，同年7月には EU 初の共同債による EU コロナ復興基金の創設に至る（遠藤［2020］）。EU はその存在意義である連帯に立ち戻ったのである。

4 コロナ禍を超えて

コロナ禍は，新自由主義に覆われた世界をくまなく照らし出した。顕在化したのは，新自由主義という支配的経済モデルを基軸とする問題群——食料や医薬品・医療用品，工業製品などの地球規模の供給チェーンの脆弱性，緊縮財政や民営化がもたらす破壊的な影響，過酷な労働環境にある人々による保健・医療や配送・配達などのサービス労働の分掌，自然破壊など外部不経済を放置する経済活動——である。この厄災はまた，ワクチンの開発過程やその成分（CDC［n.d.］），成分と環境問題との関連に一般の人々が関心を持つ契機ともなった。

では，われわれ人類が平和のうちに生きるための現今の課題は何か。最優先すべきは COVID-19 の直接の被害，すなわち感染率や発症率，死亡率などを，証拠に基づく科学的，かつ民主的な方法で，最小限に抑えることである。

現下の問題が感染症である以上，国など政治単位ごとの対策では解決できず，全人類の安全確保には国際社会の連帯が欠かせない。なかでも，台湾など非加盟国・地域も含めた，WHO を核とした国際協調による，科学的，かつ，透明性の高い取り組みが求められる（*Bloomberg*, Nov. 3, 2020）。国際保健協力は対立関係にあっても，協調が人々の健康のみならず世界経済・社会の安定に大きく貢献することによる（詫摩［2020］）。

COVID-19 に関しては，間接の被害——「封鎖」による不況や雇用崩壊，医療崩壊，文化・芸術や精神面への影響など——も直接の被害同様，地域による差はあれ，看過し得る規模・水準では断じてない。たとえば，米国に焦点を当てた研究は，「封鎖」に端を発するコロナ不況は，経済・社会の衰退を招き，今後20年間にコロナ死以上の人々を健康の悪化で死亡させると結論する（Bianchi, *et al.*,［2020］）。こうした間接的被害対策には，国家や地方自治体が率先して取り組むべきではないか。

第二は，人類の生存に不可欠な食料——量と質——の国家的，かつ地域的な確保である。紛争，あるいは干魃やバッタの大量発生などの災害による飢餓の広がりに加え，コロナ禍は都市封鎖や移動・外出禁止などにより雇用や食料の生産・流通を脅かす一方，自国民のための輸出禁止や食料備蓄の動きも導いている（Joint statement by ILO, FAO, IFAD and WHO, October 13, 2020; Hepburn *et al.*［2020］; *Taipei Times*, June 17, 2020）。

　自由貿易が食料安全保障に資すると，WTO・国連食糧農業機関（FAO）・WHO 共同声明は述べる（WTO, March 31, 2020）が，国際的価格競争を促進する自由貿易は工業型農業の拡大を通じた食料生産の集中と一部の食料生産国への依存の構造を深化させてきた。工業型農業は，大豆や玉蜀黍の単一作物栽培（モノカルチャー）・高密度飼養で生産規模を拡大させ，食料生産を増加に導いた反面，土壌や水源，大気，あるいは土壌微生物・野生動植物への負荷が非常に高く，化学物質（肥料や農薬，除草剤，殺虫剤）による健康被害，遺伝的な類似種の高密度飼養によるウイルスの動物から人への感染の助長，野生動物生息域での開墾や都市部での飼養場設置による人畜共通伝染病の広がり，そして抗生物質耐性菌の増加の原因ともなっている（UNEP［2020］）。とりわけ1990年代半ば以降の除草剤耐性大豆などの遺伝子組換え（GM）作物や，GM 作物利用ライセンス契約に含まれる義務使用の除草剤「ラウンドアップ」の生物多様性・生態系および人体への影響は，GM 作物開発の米化学企業モンサント社や米国・日本など諸政府は認めていないが，否定的影響を認める研究は少なくない[16]。しかも，穀物は飼料やバイオ燃料にも仕向けられ，人間の食用にはその熱量の 6 割が供されるにすぎない（西尾［2014］）。

　実際，農業の主要形態は工業型農業ではなく，先進国・途上国とも家族農業——一つの家族により，主として家族労働力に頼って管理運営される農業・林業・漁業・牧畜業・養殖業の生産を行うための手段——である。家族農家は総農家数の 9 割以上，数は 5 億以上と推定され，価格ベースで世界の食料の 8 割以上を生産するが，概して経済発展の阻害要因とみなさ

れてきた（ボリコ［2019］）。

　家族農家はしかし，各地域に根ざした包括的な農業システムの実践と伝統的作物（在来種）の供給により農業生物多様性の維持と栄養バランスのとれた食生活の維持に貢献し，地域的な農業および農業以外の雇用創出も行い，地域経済をも支える（FAO［n.d.］）。また，小規模経営の家族農家は土地生産性──単位面積当たりの生産量・額──が粗放的な大規模経営より高く（国連世界食料保障委員会専門家ハイレベル・パネル，2014年），生態系の助けを借りて営まれる農業は，南の55ヵ国・198プロジェクト（2006年）において，慣行農業に比べ平均8割の増収となることが明らかになっている（Lappé［2016］）。また，貧困層の8割は農村に暮らし，そのうち9割が小規模・家族農家とされる（ボリコ［2019］）。

　小規模・家族農業の支援の方がしたがって，飢餓や貧困の低減に役立ち，また国際分業による食の体制に大きく影響されず，農業・食料生産と産消提携による流通・消費を通じて，地域的な生存の基礎をなす食料主権（food sovereignty）の確立・維持に結びつく。

　小規模・家族農業の重要性は，「国際家族農業年」（2014年），「農民と農村で働く人々の権利宣言」（2018年），「国連・家族農業の10年（2019〜2028年）」と国連も確認し，その目標「持続可能な開発目標（SDGs）」（2016〜2030年）は家族農業を貧困撲滅や飢餓ゼロなどSDGs達成の鍵として位置づける（小規模・家族農業ネットワーク・ジャパン編［2019］　32頁[17]）。国連貿易開発会議（UNCTAD）報告書『手遅れになる前に目覚めよ　気候変動期における食料安全保障のために今，真に持続可能な農業への転換を』は他方，貿易自由化や経営規模拡大などの新自由主義的な農業政策を問い直し，持続可能な農業への根本的な転換を要請する（UNCTAD［2013］）。

　日本はしかるに，世界のこうした潮流に逆行し，「国連・家族農業の10年」議案の共同提案国でありながら，自由貿易・経済連携協定の推進，農業競争力強化支援法の制定（2017年），種子法廃止・種苗法改定，と家族

農業を支援しないばかりか，農業・農村の持続可能性を減じ食料自給率をますます低下させる方向にある。環太平洋戦略的経済連携協定（米国離脱前の TPP）のみで食料自給率は13％に低下という試算（2011年）があった（鈴木・木村［2011］）。

　第三は，食料生産を土壌，水とともに支える生物多様性の保全である。われわれ人類は食料のすべてを直接・間接に植物に頼っているのみならず，生活を支える燃料や医薬品，遺伝子資源をめぐり，生態系から多様な恩恵――たとえば，世界で40億人が保健・医療に主として動植物を原材料にした薬（natural medicine）を利用する――を受け取っている（IPBES［2019］）。

　ところが，今日，100万種の動植物が絶滅の危機に瀕し，何らかの措置なくしては数十年以内に多くが絶滅するとされる状況にある（IPBES［2019］）。生物多様性は食料と農業に必須であり，なかでもハチ（蜂）は食料生産に基軸的な役割を担う（FAO［2019］; *The Sydney Morning Herald*, Nov. 22, 2019）。世界の重要な農作物の4分の3は蜂やチョウ（蝶）など受粉媒介動物に依存するが，近年，蜂群崩壊症候群（CCD）に象徴されるように，受粉媒介動物の数が世界中で顕著に減少――殺虫剤ネオニコチノイド（neonicotinoids）が一因とされる（European Food Safety Authority［2018］）――してきており，それに伴い食料生産も農業部門の14億人――世界の経済活動人口の3分の1――の雇用も危機に直面する可能性がある（Reading Univ.［2016］）。

　今次のコロナワクチン製造も，生物多様性の行方に大きく関わる。大量のワクチン製造は，食物連鎖の弱体化，生物多様性の減少，そして生態系の破壊につながるためである。免疫賦活剤にサメ（鮫）の肝油に含まれるスクアレンを使用したワクチンを世界で1人1回注射するならば，2分の1近くが絶滅危惧種の鮫――食物連鎖の上位に位置し，海の白血球とも言える役割を果たし，生態系を安定させる――25万頭の殺戮を招き（Aridi［2020］），また，ワクチンなどの内毒素の検出にカブトガニ（甲蟹）の青い血液が使用されるならば，甲蟹のさらなる減少のみならず，コオバシギ

（小尾羽鷸）などの渡り鳥やヒラメ（鮃），キスイガメ（汽水亀）など甲蟹の卵を食物源とする生物のさらなる減少をも招くとされる（Arnold［2020］）。

　生物多様性の保全・回復には，「緑の砂漠（green deserts）」をつくり出す工業型農業に代わる，水生生物や鳥類を育む水田の冬期灌水——兵庫県豊岡市などで実施——や生物農薬の使用のような自然との親和性の高い，多様な作物を複合的に栽培する環境保全型農業や受粉媒介動物の移動が容易な「蜂の道（bee highways）」ネットワークの構築，各種資源の管理＝乱伐・乱獲の抑制などが求められる（Reading Univ.［2016］；FAO［2019］）。

　第四は，われわれ人類の生活様式と生物多様性に関わる気候変動，すなわち国連「気候変動に関する政府間パネル」（IPCC，1988年設立）——気象学などの専門家組織ではない——が主張する「人為起源 CO_2 による地球温暖化」に関し，科学的な検証が必要ではないかということである。その理由は，IPCC 全球気候モデル（GCM）を含む人為的地球温暖化論への疑問，異論が尽きず，同論の科学的客観性が確立していないことによる。

　この「人為的地球温暖化」は事実とされ，現在，パリ協定（第21回国連気候変動枠組条約締約国会議における，2020年以降の「温室効果ガス」〔IPCCは CO_2 にほぼ限定〕排出削減等のための国際的枠組，2016年発効）——目標は世界の平均気温上昇を 2℃ 未満に抑制——実施のため，すべての同締約国・組織は CO_2 排出の削減・吸収が求められている。IPCC『1.5℃特別報告書』（2018年）は，世界の平均気温は産業革命前に比べ人間活動ゆえに 1℃ 上昇した（2017年）と述べ，数百〜数千年持続する温暖化に起因する長期的変化——海面水位上昇や生物多様性の喪失——を警告する（IPCC［2018］）。こうした IPCC 発表や同発表に沿う現象を主要メディアは検証に付さずに報道する[18]。

　しかし，古気候学の知見によれば，気象は温暖期〜寒冷期と変動を繰り返しており，1960〜70年代は地球寒冷化が問題となっていた。事実，温室効果ガスは地球上の生命に不可欠な物質であり，CO_2 は温室効果や光合成に欠かせず，温暖化は地球緑化（NASA［2016］），食料増産に結びつく。

また，IPCC 報告書作成に携わる，複数の科学者による20世紀における気温急上昇の捏造――「ホッケースティック曲線」――が発覚したクライメートゲート事件（Climategate）（2009年），過去半世紀ほどの人工衛星による全地球の正確な気温測定の歴史，太陽活動が一定など過度に簡略化された IPCC 全球気候モデル（GCM）による予測の有効性への疑問（モシャーほか［2010］; 渡辺［2018］; 中村［2019］）ゆえに，「人為起源 CO_2 による地球温暖化論」は未確立と言い得，自然変動の可能性も排除できない。さらに，IPCC（側）によるデータ開示拒否（Mann v. Ball, 2019 BCSC 1580）や反論・異論の排除のほか，気象学者による「気候危機不在」宣言――国連事務総長宛も含む――も発出された（CLINTEL［2019］; CLINTEL［2020］）。

　人為起源 CO_2 地球温暖化論一辺倒とも言い得る状況は，気象学における「学問の自由」の喪失に等しい。寒冷化すれば，食料生産・暖房，そして文明の維持のためのエネルギーが不足する。限られた資源・予算を有効に使うためにも，予防原則を適切に運用するためにも，同論に対する，政治や利害と無縁の，自然科学としての検証が必要な所以である。

　第五は，気候変動，すなわち温暖化対策としての CO_2 排出削減目的の再生可能エネルギー発電――風力・太陽光発電――の利用・推進に対しても再検討が必要ではないかということである。その理由は，風力・太陽光という自然エネルギーの性質，および風力・太陽光利用の再生可能エネルギー発電の環境への影響の大きさにある。

　自然エネルギーである風力・太陽光は，第一に低エネルギー密度――両発電とも設備利用率は15％以下――ゆえに低効率の発電装置であると同時に発電設備が大規模な工業設備となり，第二に制御不能かつ予測不能な自然エネルギーゆえに他エネルギー源等による大規模なバックアップ，すなわち工業生産規模の拡大が不可欠となり，第三に同発電設備設置・稼働による自然や生態系の破壊が甚大にならざるを得ず，時には生活環境・周辺の人々の健康をも破壊し，第四に風力発電機や太陽光パネルに使用される希少金属――ほとんどが地中で放射性物質と結合――は採掘から加工，製

造に関わる資材の廃棄に至るまで，また同金属を含む発電設備の廃棄も環境の汚染・破壊をもたらす（近藤［2020］; *The New York Times*, August 20, 2020; Ives［2013］）。

　風力・太陽光発電は畢竟，非効率，かつ資源浪費的と言い得よう。

　われわれは毎日，新型コロナウイルスの感染拡大とその犠牲者数を主要メディアに知らされ，COVID-19に対する恐怖を煽られる状況にある。その理由は，主要メディアがCOVID-19やPCR検査の全体像や本質，多様な見解についてほとんど報道しないことにある。新型コロナワクチン——2020年11月中旬，米製薬大手ファイザー社，続いて米バイオテクノロジー企業モデルナ社が開発中の新型コロナワクチンの臨床試験の成功を公表する一方，日本政府は同12月初旬，同ワクチンの無料接種を決定した——についても，主要メディアは企業や政府のこうした発表を報道するものの，発表を掘り下げることはない。新型コロナワクチン開発をめぐる問題や臨床試験の状況についても主要メディアはほとんど報じない。このため，われわれは新型コロナウイルス，PCR検査，および，そのワクチン接種について信頼に値する情報を主要メディア以外から入手しないかぎり，状況を冷静かつ客観的に把握し適切な判断を下すには困難な状況に置かれている。[19]

　インターネットの一般利用開放は，2010年代初頭まで民主主義への道を開いたかに思われたが，印刷媒体としての新聞の衰退，インターネット情報量の指数関数的増大も重なって，情報源としてのインターネットには精巧なアルゴリズムにより情報の共有が困難になるという事態が進行する。同時に，インターネット上の情報が寡占状態にあるデジタル・プラットフォーム企業GAFA（Google, Amazon, Facebook, Apple）などが行う検索アルゴリズム操作により，「独自の」事実検証（ファクトチェック）」後の情報に限定されつつある（*BBC news*, May 1 & 2, 2020; *CNBC*, July 14 & 17, 2020）。たとえば，「人類に脅威となる新型コロナウイルスは存在しない」という

インターネット情報は即刻消去されるという。インターネット上の学術論文公開の場も例外ではない[20]。他方，主要メディアも経営優先で配信・記事化し，また異論に不寛容な政府や公的機関は世界に数多存在し，社会には異論排除の風潮が広まる[21]。結果として，われわれの思考の枠組みが限定され，さらなる想像力の貧困が広がっていく。

　最優先課題である COVID-19についてみると，米国における2020〜2021年のインフルエンザ統計の中止（前述），世界各国においてコロナ死統計には同感染者の他の死因による死亡も含まれるという高い蓋然性（The Centre for Evidence-Based Medicine, July 16, 2020; *The Guardian*, July 17, 2020）――カナダ・オンタリオ州の場合，新型コロナウイルス感染者の死亡は，実際の死因に関わりなく，「COVID-19による死亡に含まれる」とする（Government of Ontario［2020］）――のほか，WHO はできるだけ多くの PCR 検査を推奨するものの，PCR 検査利用に関わる疑問は少なくない。たとえば，PCR 検査は証拠が限定的なため不確実とのオーストラリア保健省見解（Government of Australia（Department of Health）［2020］），PCR 検査における 9 割もの偽陽性の可能性（*The New York Times*, August 29, 2020; 『日刊ベリタ』2020年11月28日），英オックスフォード大研究に基づく，PCR 検査は信頼性がなく，PCR 検査陽性による強制隔離は違法とのポルトガル・リスボン控訴裁判所判決（*The Portugal News*, Nov. 27, 2020; *Clinical Infectious Diseases*, ciaa1491［2020］）である。また，米国の新型コロナ対策の中心人物でもある米国立アレルギー・感染症研究所（NIAID）所長アンソニー・ファウシ（Anthony Fauci）は，「COVID-19は結局，インフルエンザの酷い場合の死亡率0.1％に類似」（N Engl J Med 2020; 382, : 1268-1269），「高増幅回数（cycle threshold）の PCR 検査は疫学上またウイルス学上，無意味」（This Week in Virology, #641, 2020）とも述べる。しかも，PCR は元来，分子生物学研究における利用――遺伝的物質（genetic material）の複製――に限定されていた方法であり，過去には PCR 検査への信頼が「存在しない伝染病」を紡ぎ出した事例があった（*The New York*

Times, January 22, 2007）。

　他方，世界経済フォーラム（WEF）は，コロナ禍の現在，社会や経済のあらゆる面，すなわ資本主義について「今こそ，大変革（great reset）——われわれ自身も含め，ありとあらゆるもののデジタル化，デジタル・ネットワーク化を目指す「第四次産業革命」——の時」と述べる（WEF, agenda, 2020/06; WEF, agenda, 2016/01）。なぜ，コロナ禍の今，なのか。

　こうしたコロナ禍に関わる感染拡大や犠牲者数以外の情報は主要メディアがほとんど報道せず，インターネット情報を何気なく見ていても容易に見つからないため，世界で広く共有されていないのではないか。真に重要かつ不可欠と思われる情報の「不可視化」こそが，上述の恐怖を煽ると言ってよい主要メディアの報道とともに，コロナ禍をめぐる根本的な問題であることは間違いない。

　ほかの差し迫った課題同様，COVID-19に関しても，公的見解に拘泥することなく，多様な見解を国際的・地域的市民団体（NGO）や国家，地域連合などさまざまな単位で，民主的に広く「国民」——国籍に限定されない，社会文化的属性（人種・宗教・出自など）とも無関係の，国境内の住民——と，利益相反とは無縁の中立的な専門家も交えて共有し，問題点を洗い出す。そのうえで，地域的に，あるいは全世界にどのような対応や方向が望ましいのか，可能なかぎり多くの人が同意可能な水準を見つけるために，検証し熟議に付すという民主的過程を経ることが，より平和な世界の構築への最適解に至る道筋であろう。世界経済フォーラムが構想する「大変革」がつくり出す世界は，地球上の圧倒的大多数の市井の人々にとっても望ましい世界なのか。もし市井の人々がそうしたデジタル・ネットワーク化された，民主主義や個人の自由のない，技術優位の世界を望まないならば，どのようにそうした流れに抗し，どのような方法でどのような世界を構築していくか，われわれ「国民」に突きつけられた緊喫の課題である。

　これには主要メディアの権力監視機能の弱体化，主要メディアおよびプ

ラットフォーム企業の「独自の」事実検証，すなわち検閲の問題が横たわる一方，われわれ国民の側の「監視資本主義」（Zuboff［2019］）への馴致——なかでもソーシャル・メディア使用における，われわれ自身の商品化への無自覚——のなかでの，思考の幅の狭隘化，批判的想像力の衰退という問題が横たわる。

　デジタル技術の発展が近代を特徴づける，公私の区別を無化し「デジタル全体主義」（ガブリエル［2020］）へとなだれ込む現在，「国民」の知識の共有と協力を基盤とする民主主義を破壊するとも言い得るインターネット技術，および巨大デジタル・プラットフォーム企業を制御できるのは，つまるところ国民国家という制度，およびその組織体ではないか。EU の一般データ保護規則（GDPR）はこれを如実に体現する。

　核兵器（nuclear weapons）禁止条約が2021年1月に発効する。同条約は核軍縮への新たな一章である一方，核兵器と原理を同じくする原子力（nuclear power）発電所は同条約とは無関係である。ただ，核の「平和」利用といえども，原子力発電の基盤をなす核技術，また生物・遺伝子工学は予測し得ない事態を惹起し，われわれ人類が制御し得ない結果をもたらす。原子力発電所から出る使用済核燃料は増えこそすれ，減ることはない。そうした放射性廃棄物を大深度地下の岩盤に埋蔵処分する『100,000年後の安全（*Into Eternity*）』（マイケル・マドセン〔Michael Madsen〕監督，2010年）はあり得るのか，遺伝子操作など先進生命科学技術はどのように環境をつくり変えるのか，新たな生物兵器開発につながらないのか。専門知は社会とともにあらねばならないゆえ，倫理的歯止めがこうした技術には必要であり，デジタル技術に対すると同じく，国家という枠組みはその歯止めをつくり実効性を担保するのに適した単位と思われる。

　政治を含め，あらゆるものが市場化され市場原理が国家を飲み込む。たしかに，コロナ禍においても医療用品・医薬品の政府調達に関する腐敗という惨事便乗型資本主義が暴かれ（Transparency International［2020］），医療・政治複合体における利益相反が専門的知識の厳正な利用の可能性を

減じる（*BMJ* 2020; 371:m4425）一方，われわれ人類はあふれる情報のなか，断片化されたままではある。しかし，われわれの生きる社会を，大資本が自由と豊かさを追求する社会から，市井の人々が主役の，市井の人々にとっての，個を尊重する，幅広い自由と多様な豊かさを追求する平和な社会へとつくり変えていくことができるのは政治という場に限られる。その政治の場とは「国民」がつくる国民国家，国民国家を構成する地方自治体であり，民主政——危機にあっては特に，「国民」が「信頼」をおく指導者のもとでの民主政——が前提となる。

　平和を構築していくことができるのは「国民」であり，主体的に行動する「国民」のネットワークをおいてほかにない，と思われる。（この稿，中村　都）

【追記】本稿校正段階（2021年1月末）において，進展のあった事項について
　　米国大統領ジョー・バイデン（Joe Biden）はパリ協定への復帰・WHO
　　脱退の撤回を含む複数の大統領令に就任の2021年1月20日，署名した
　　（『AFPBB ニュース』2021年1月21日）。◇「集団免疫の年内達成はない」
　　との WHO 見解（『朝日新聞』2021年1月14日）に関しては，WHO による
　　「集団免疫」の定義の「ワクチン接種により獲得される」への変更（2020年
　　後半）（WHO Newsroom, Q&A Detail, December 31, 2020は変更済）に留意
　　する必要がある。WHO はまた，PCR 検査に関し，「擬陽性過剰に注意を」
　　（WHO, 2020/05, version 1, December 2020），「COVID-19診断のひとつの補
　　助」（WHO, 2020/05, version 2, January 2021）との通告を発した。◇ EU
　　の行政執行機関である欧州委員会は2020年12月，インターネット上での競
　　争の復活を意図するデジタル市場法（Digital Markets Act）を公表した。

おわりに

　巻頭言を終えるにあたり，本号掲載の論文等を簡潔に紹介しておこう。本号では特集に関して，3本の依頼論文と2本の投稿論文を掲載することができた。依頼論文の著者は，平和と「国民」の「今」をそれぞれの視点

から論じている。宮島論文は移民マイノリティや「移民・難民問題」から現在のヨーロッパにおける「国民」を論じる。まず、二つの「国民層」とそれにともなう国民意識の存在が明らかにされ、次に、ナショナリスト政党や政権が自らへの支持強化のための材料として「移民・難民問題」を構築していった事実が説明される。そして最後に宮島は、移民たちが排除や保護の客体にとどまらず国民統合の主体となりつつある事実を指摘し、新しい国民統合の姿を示唆する。

佐竹論文は、COVID-19の拡大がなければ2020年に行われていた東京オリンピック・パラリンピックという「今」から、スポーツへの応援やアスリートの実態を通して日本の「国民」を論じている。国際的なスポーツ大会において「ニッポン」選手の活躍に興奮する人々が、アスリートのもつ背景を無視し、各人が自らのイメージに合う「日本人」を作り出し、その応援に陶酔する実態が論じられる。佐竹が明らかにするこの構造は、逆転させるならば、自らのイメージ合わない人々を攻撃するヘイトスピーチやヘイトデモのそれと同じであろう。

畑山論文は、反グローバル化・反 EU がナショナリズムと結びつき、国民国家の復権と独立性の回復が主張されているフランスの「今」を対象として「国民」を論じている。今、「再国家化」「再国民化」を訴える勢力が支持を得るようになってきているが、畑山は「国民国家への回帰によって国民の安心と安全は確保できるだろうか」と問う。国民国家への回帰という処方箋の実現可能性と有効性への疑問が投げかけられ、さらにデモクラシーへのリスクも指摘される。しかし同時に畑山は、国民国家への回帰という主張を批判するだけの限界を指摘し、国民国家か脱国民国家かという二者択一ではなく、どのような国民国家かを問うことの重要性を主張する。

以上の依頼論文 3 篇が「今」の「国民」を題材としているのに対して、投稿論文の 2 篇は独立論文としての意義はもちろんのこと、本号の特集に対して、「国民」や国民統合を理論的に考える素材を提供していると言えるだろう。吉川論文は、国際秩序再編期になぜ大規模なジェノサイド、住

民交換，民族強制移動が繰り返し発生するのかを理論的に解明しようとし，その根底に民族マイノリティ国際保護と国民統合という規範対立が存在することを論じている。それが国家レベルの平和構築のために個人レベルに暴力的に強制を行うという矛盾を生じさせたことが明らかにされる。吉川論文は，依頼論文が取り上げた「今」の「国民」を考える上でも重要な視点をわれわれに与えてくれる。尹論文では，「国内政治からもたらされた規範の制度化」という視点に立って，なぜ2度の政権交代にも関わらず，反省的姿勢を伴った対越政策が継承されたのかが問われている。「国民」の自己認識を加害・被害という観点やそれを国際関係から見る視点を与えてくれる。

　また，本号では5冊の本を3篇の書評で取り上げた。勝俣は，『〈周縁〉からの平和学——アジアを見る新たな視座』（昭和堂，2019年），『平和学から世界を見る』（成文堂，2020年），『平和憲法とともに——深瀬忠一の人と学問』（新教出版社，2020年）の3冊を各国間の武力紛争を回避するための「地域」と「市民」という視点から紹介している。小阪は，『国際刑事裁判の政治学——平和と正義をめぐるディレンマ』（岩波書店，2019年）を通して，現代国際社会における国際刑事裁判の実像と，それに関わるさまざまな課題を紹介している。大野は，『大学による盗骨——研究利用され続ける琉球人・アイヌ遺骨』（耕文社，2019年）を紹介しつつ，国家をよりどころとする大学，国家に捕捉される研究者のもつ問題点を論じている。

　さて，本号の特集テーマは「今，平和にとって「国民」とは何か」であるが，2020年春先以降の状況を考えれば，「コロナ禍の今」を無視することはできない。2020年に起きた出来事やその問題を記録し，コロナ禍を超えるための一歩を考えるために，長い巻頭言となった。本号の掲載論文等とこの巻頭言は，先行き不透明な2021年という「今」，平和にとって「国民」とは何かを考える端緒となるだろう。（この稿，中野裕二）

注

1 世界保健機関（WHO）はCOVID-19に関し，2020年1月30日，「国際的に懸念される公衆衛生上の緊急事態」とし，同3月11日，「世界的流行」と宣言した。

2 ただし，Covid-19感染確認のためのポリメラーゼ連鎖反応（PCR）検査や死因の同定方法に有意かつ統一の基準がないため，COVID-19感染者数・死亡者数の実数は不明である（『日刊ベリタ』2020年10月22日，11月9・17・28日）。

3 コロナ禍への対処は決して戦争ではなく，「戦争状態」という比喩は国家権力の強化を住民一般における是認に導きかねない表現と思われる。なお，米国大統領トランプは「戦時大統領（wartime president）」と自称した（*Politico*, March 18, 2020）。

4 このほか，英国首相ジョンソンによる2020年3月12日の声明は「われわれはあらゆる戦時政権のように行動しなければならない」との表現を含む（Government of United Kingdom, March 12, 2020）。

5 新型コロナウイルスに関する6ヵ国（日，米，英，独，仏，スウェーデン）国際世論調査（2020年夏）において，日本の安倍晋三首相はコロナ禍への対応に際して最も評価が芳しくない国家指導者であった（Kekst-CNC［2020］）。

6 医療が社会的共通資本となっていない米国の場合，新型コロナ検査は実質数十～数百ドルの費用がかかり（*BMJ* 2020; 370:m3097），同治療費は保険加入で2万ドル以上，無保険なら4万～7.5万ドルと試算され（*CNBC*, April 20, 2020），ほかの疾病同様，その高額な治療費で多くが借金地獄に陥る（*BMJ* 2020; 370:m3097）。

7 コロナ禍のもと，在宅の拡大により世界的に家庭内や親密な関係にある者の間における暴力（暴言を含む）（DV）が深刻化している（*The Guardian*, Mar. 28, 2020; 近江［2020］）。

8 動植物や微生物などの生命にも特定の企業の特許を認める「TRIPSプラス」も適用予定のRCEP協定──インドは同協定参加を2019年11月，中止──には世界の人口・GDPの各3割が関わる。主要な自由貿易・経済連携協定に，「環太平洋パートナーシップに関する包括的及び先進的な協定」（TPP11［米国抜きのTPP］，2018年12月発効）や「経済上の連携に関する日本国と欧州連合との間の協定」（日欧経済連携協定，2019年2月発効），「日本国とアメリカ合衆国との間の貿易協定」（日米貿易協定，2020年1月発効）。日本はこれらの協定により，その食料自給率がさらに

低下するのみならず，主要農作物種子法の廃止（2018年4月），改定種苗法の施行（2021年4月予定，2020年12月成立）により，本来公共財であるべき種子まで企業に委ねる方向にある。

9　ソフトウェア・プログラマーである，中華民国デジタル大臣 Audrey Tang（唐宗漢）は，*The Economist*（March 12, 2019）において，市民参加による民主的2条件の構築を論じる。

10　中国はこうした技術を国民や一時滞在者など国境内のあらゆる人々の管理に利用する（梶谷・高口［2019］）ほか，60ヵ国以上に輸出する（Feldstein［2019］）。

11　類似例に，スイスにおける，テロリズムの定義が曖昧な，反テロリズム法制定があり，同政府に対し国際法律家委員会スイス部会による警告（2020年6月），国連・人権高等弁務官事務所による撤回要請（同年9月）（ICJ［2020］; UNOHCHR［2020］）がなされた。Feldstein［2019］はまた，軍事費とAI監視使用の正の相関関係を指摘する。

12　EUの一般データ保護規則（GDPR）（2018年5月25日発効）──たとえば，EU域内に暮らす人々の個人情報を企業が収集もしくは共有する場合，ユーザーから明確な同意を取り付ける必要を命じる──はインターネット上の個人情報保護規則の先駆けとなった。

13　実用化の前例がない，遺伝子操作によるワクチン開発期間の短縮が報道され（Schmidt［2020］; Reuters, June 10, 2020），COVID-19治療に関わる倫理的な問題，すなわち，生命に関わる判断が問われる事態が生起している。日本集中治療医学会をはじめとする計8組織は，体外式膜型人工肺（ECMO）の禁忌・適応外に関し「65〜70歳以上を，一般的にはECMO適応外」を含む基本的注意事項を発出した（日本集中治療医学会ほか［2020］）。

14　WHO予算に占める米国の拠出比率（2018-2019年）は14.7%（第1位）である（『SWI』2020年4月17日）。なお，トランプ政権下の米国は「包括的共同計画」（イラン核合意），国連教育科学文化機関（ユネスコ），「中射程，および短射程ミサイルを破棄するアメリカ合衆国とソビエト社会主義共和国連邦の間の条約」（中距離核戦力〔INF〕全廃条約），地球温暖化対策の国際的枠組みである「パリ協定」，軍備および軍事行動の透明性を高めるための「領空開放条約」からも離脱した（順に，2018年5月，2018年12月，2019年8月，2020年11月，同年11月）。同政権下の米国は他方，「環太平洋戦略的経済連携協定」（TPP12）の場合，同交渉の過程で離脱した（2017年1月）。

15 シェンゲン協定加盟国と EU 加盟国は一部重複せず，また，同協定第28条は緊急事態等には最大半年間の国境管理の一時的復活を規定する。

16 モンサント社食堂は非 GM 食であり（*The Guardian*, December 22, 1999），あるゴールデンライス（GM 米）推進ロビイストはテレビ・インタビューで除草剤「ラウンドアップ」——非 GM 作物を含め，世界で最も使用量が多い除草剤——のまったきの安全を主張しながら飲用は拒否し逃げ出した（*Time*, March 27, 2015）。

　除草剤の影響としてはたとえば，「ラウンドアップ」の主成分グリホサートに関し，WHO 傘下の国際癌研究機構（IARC）は「おそらく発がん性がある」と分類し（IARC Monograph, Vol.112, 2015），加マギル大学は生物多様性喪失を誘発するとした（McGill Univ., March 2, 2020）。独化学大手バイエル社（Bayer AG）——モンサント社を2018年，買収——はグリホサート暴露による発がんに関わる推定9.5万件の訴訟を100億ドルで和解するも，なお少なくとも3.5万件の未和解訴訟を抱える（*The New York Times*, June 24, 2020.）。

　他方，日本は2017年末，グリホサート残留基準値を大幅に緩和した（厚生労働省・生食発1225第 5 号）。

17 それぞれ順に，2011年，2017年，2018年，2015年に国連総会で採択。

18 たとえば，低温（ELECTROVERSE, July 2, 2019 & November 2, 2020）はほとんど報じられず，温暖化起源との一般の報道の豪州・森林火災（2019〜2020年）について，現地紙は一因としての放火に関連する180人に対する法的措置を報じた（*The Sydney Morning Herald*, January 6, 2020）。

19 新型コロナワクチン強制接種の方向を打ち出す国家・地域も存在する。しかし，同ワクチンは確固たる基礎研究，非臨床試験，臨床試験，承認審査に基づいておらず，その強制接種は有効性・安全性の問題に加え，倫理的問題を孕む。たとえば，「市民的及び政治的権利に関する国際規約」（国際人権規約・自由権規約，1966年採択・1976年発効）第 7 条は「何人も，自由な同意なしに医学的又は科学的実験を受けないこと」を定め，ユネスコ「生命倫理と人権に関する世界宣言」（2005年）は，「個人の利益および福祉を科学または社会の利益に優先させ」，「人間の尊厳，人権の尊重および基本的な自由が十分に尊重されること」を遵守すべき原則として掲げる。なかでも，同宣言第 6 条（文部科学省［n.d.］）はこうした問題を扱う。

20 たとえば，科学者・研究者向けのソーシャル・ネットワークサービス

「リサーチゲート（Research Gate）」に関して，Rancourt［2020］参照。
21 日本の報道の自由度順位（2020年）は国際 NGO「国境なき記者団」によれば，180地域・国で第66位であり（『朝日新聞』，2020年 4 月21日），言論と表現の自由に関する国連特別報告者デービッド・ケイ（David Kaye）は，日本政府は2016年勧告をほぼ履行せず，記者に圧力をかけるなどしていると，日本における言論と報道の自由への懸念を表明した（『朝日新聞』2019年 6 月 6 日；『東京新聞』2019年 6 月27日）。

参 考 文 献 (URL，閲覧日，詳細は紙幅の関係で省略)

Amnesty International ［2020］，*Policing the Pandemic: Human Rights Violations in the Enforcement of COVID-19 Measures in Europe*, June 2020.

Aridi, R.［2020］，"500,000 Sharks Could Be Killed in the Race to Produce a Covid-19 Vaccine," SMARTNEWS, October 5, 2020, *Smithsonian Magazine*.

Arnold, C［2020］，"Horseshoes crab blood is key to making a COVID-19 vaccine-but the ecosystem may suffer," July 6, 2020, *National Geographic Magazine*.

Australia, Government of（Department of Health）［2020］，"COVID-19 testing in Australia - information for health professionals," August 3, 2020.

Bianchi, F. et al.,［2020］，*The long-term impact of the COVID-19 unemployment shock on life expectancy and mortality rates*, December 2020, Working Paper 28304, National Bureau of Economic Research.

Bollyky, T. J. and C. P. Bowen,［2020］，"The tragedy of vaccine nationalism: only cooperation can end the pandemic," *Foreign Affairs*, September/October, 2020.

Bundesregierung,［2020］，Fernsehansprache von Bundeskanzlerin Angela Merkel, 18. März 2020（日本語訳は林美佳子「コロナウイルス対策についてのメルケル独首相の演説全文」2020年 3 月19日）.

Center for Disease Control and Prevention（CDC）［n. d.］，"Vaccine Excipient Summary: Excipients Included in U.S. Vaccines, by Vaccine."

――,［n.d.］，"U.S. Influenza Surveillance System: Purpose and Methods."

Centre for Evidence-Based Medicine, U.K.［2020］，"Why no-one can ever recover from COVID-19 in England - a statistical anomaly," July 16, 2020.

Climate Intelligence Foundation (CLINTEL) [2019], "Sr. António Guterres, Secretary General, United Nations, There Is No Climate Emergency," September 23, 2019.

—— [2020], "World Climate Declaration "THERE IS NO CLIMATE EMERGENCY," September 17, 2020.

Élysée [2020], "Télécharger Adresse aux Français du Président de la République Emmanuel Macron," 16 mars 2020.

European Food Safety Authority [2018], "Neonicotinoids: risks to bees confirmed." February 28, 2018.

Feldstein, S. [2019], "The Global Expansion of AI Surveillance," September 17, 2019, Carnegie Endowment for International Peace.

Food and Agriculture Organization (FAO) [n.d.], Family farming knowledge platform.

—— [2019], *State of the World's Biodiversity for Food and Agriculture*.

Hepburn, J. et al. [2020], "COVID-19 and Food Export Restrictions: Comparing today's situation to the 2007/08 price spikes," July 29, 2020, International Institute for Sustainable Development.

Huang, Y [2019], "U. S. Dependence on Pharmaceutical Products from China," *Foreign Affairs*, August 14, 2019.

International Commission of Jurists (ICJ) [2020], "Switzerland: draft anti-terrorism law fails to comply with human rights obligations," June 18, 2020.

Intergovernmental Panel on Climate Change (IPCC) [2018], *Global Warming of 1.5℃* (『1.5度特別報告書』).

Intergovernmental Science-Policy Platform on Biodiversity and Ecosystem Services (IPBES) [2019], Summary for policymakers of the global assessment report on biodiversity and ecosystem services of the Intergovernmental Science-Policy Platform on Biodiversity and Ecosystem Services.

Ives, M. [2013], "Boom in mining rare earths poses mounting toxic risks," January 28, 2013, *Yale Environment 360*.

Johns Hopkins University (Center for Health Security) [2018], *"The Characteristics of Pandemic Pathogens."*

Kekst-CNC [2020], "COVID-19 Opinion Tracker," Edition 3, June 1-5, 2020.

Lappé, Frances Moore [2016], "Agroecology Now," *Resilience*, April. 27, 2016.

McGill University [2020], Newsroom - McGill news releases, "Widely used weed killer harming biodiversity," March 2, 2020.

Mecklin, J. [2020], "Closer than ever: It is 100 seconds to midnight," 2020 Doomsday Clock Statement, January 23, 2020, *Bulletin of the Atomic Scientists*.

National Aeronautics and Space Administration (NASA) [2016], "Carbon Dioxide Fertilization Greening Earth, Study Finds."

Ontario, Government of [2020], "How Ontario is reponding to COVID-19," January 26, 2020, Updated December 27, 2020.

Rancourt, D. G. [2020], "COVID-19 censorship at ResearchGate: Things scientists cannot say," June 5, 2020.

Reading University [2016], "Saving bees 'secures food and jobs,' say authors of UN reports," Press release, November 28, 2016.

Sayeh, A and R. Chami [2020], "Lifelines in Danger," *Finance and Development*, June 2020.

Schmidt, C. [2020], "Genetic Engineering Could Make a COVID-19 Vaccine in Months Rather Than Years," June 1, 2020, *Scientific American*.

Smith, M. [2020], "Public overwhelmingly backs the government's new measures to tackle coronavirus," March 24, 2020, YouGov.

Transparency International [2020], "Corruption & COVID-19 - the story so far," July 8, 2020.

United Kingdom, Government of [2020], "Prime Minister's statement on coronavirus (COVID-19): 12 March 2020 and 23 March 2020."

United Nations Children's Fund (UNICEF) [2020] "COVID-19 may push millions more children into child labour - ILO and UNICEF," June 12, 2020.

United Nations Conference on Trade and Development (UNCTAD) [2013], *Wake up before it is too late: make agriculture truly sustainable now for food security in a changing climate* (*Trade and Environment Review 2013*).

United Nations Environmental Programme (UNEP) [2020], "10 things you should know about industrial farming," July 20, 2020.

United Nations Office of the High Commissioner for Human Rights （UNOHCHR）[2020],"Switzerland's new "terrorism" definition sets a dangerous precedent worldwide, UN human rights experts warn," September 11, 2020.

Vaidhyanathan, S [2018], *Anti-Social Media: How Facebook Disconnects Us and Undermines Democracy*, New York: Oxford University Press.

World Bank [2020], "World Bank Predicts Sharpest Decline of Remittances in Recent History," April 22, 2020.

World Trade Organization（WTO）[2020], "Agency chiefs issue joint call to keep food trade flowing in response to COVID-19," March 31, 2020.

Wylie, C. [2019], *Mindf*ck: Inside Cambridge Analytica's Plot to Break the World*. London, UK: Profile Books.

Zuboff, S. [2019], *The Age of Surveillance Capitalism: The Flight for the future at the New Frontier of Power*, London, UK: Profile Books.

井田徹治 [2020],「環境と生態系の回復へ——パンデミックが示した課題」『世界』2020年8月。

遠藤乾 [2020],「ヨーロッパの対応——ヨーロッパ復興基金の誕生」『国際問題』No.695, 2020年10月。

近江美保 [2020],「新型コロナウィルスとジェンダーをめぐる問題」日本平和学会春季研究大会報告, 2020年5月31日, オンライン配信。

ガブリエル, M.・中島隆博 [2020],『全体主義の克服』集英社。

梶谷懐・高口康太 [2019],『幸福な監視国家・中国』NHK出版。

川崎哲 [2020],「パンデミックから軍縮へ」『世界』2020年8月。

工藤律子 [聞き手] [2020],「非常事態下のマニラから——マリア・レッサに聞く」『世界』2020年6月。

近藤邦明 [2020],『温暖化の虚像——間違った温暖化対策が社会・環境を破壊する』。

シーダー, C. [2020],「災時権威主義の完成——ハンガリーのCOVID-19対策」『世界』2020年6月。

小規模・家族農業ネットワーク・ジャパン編 [2019],『よくわかる国連「家族農業の10年」と「小農の権利宣言」』農山漁村文化協会。

鈴木宣弘・木下順二 [2011],「貿易自由化論議と日本農業の展望——JA共済総研セミナー」2011年1月25日。

詫摩佳代 [2020],「感染症と国際協調——新型コロナウイルスへの対応には何が必要か？」『国際問題』No.695, 2020年10月。

デバント，V.，谷口亜沙子訳・解説［2020］，「何が問題なのわからない白人の友人たちへ」『世界』2020年8月。

中村元隆［2019］，『気候科学者の告白——地球温暖化は未検証の仮説（*Confessions of a climate scientist: the global warming hypothesis is an unproven hypothesis*)』Kindle版。

西尾道徳［2014］，環境保全型農業レポート，No.244.

日本集中治療医学会ほか［2020］，「COVID-19急性呼吸不全への人工呼吸とECMO　基本的注意事項　第2版」。

日本貿易振興機構［2020］，「新型コロナの影響やデジタル貿易を分析，2020年版『ジェトロ世界貿易投資報告』」2020年7月30日。

農林水産省［2020］，「令和元年度　食料自給率・食料自給力指標について」2020年8月5日。

ボリコ，C.［2019］，「なぜ今，『国連家族農業の10年』なのか」『ARDEC』61号。

水島治郎［2020］，「中間団体の衰退とメディアの変容——『中抜き』時代のポピュリズム」水島治郎編『ポピュリズムという挑戦——岐路に立つ現代デモクラシー』岩波書店。

モシャー，S.，フラー，T.，著，渡辺正訳［2010］，『地球温暖化スキャンダル——2009年秋クライメートゲート事件の激震』日本評論社。

モンク，Y.，聞き手：吉田徹・武田宏子［2020］，「インタビュー　ヤシャ・モンクに聞く　リベラル・デモクラシーをいかに維持するか」『世界』2020年1月号。

文部科学省［n.d.］，「ユネスコ生命倫理と人権に関する世界宣言」文部科学省・仮訳。

渡辺正［2018］，『「地球温暖化」狂騒曲——社会を壊す空騒ぎ』丸善出版。

2021年1月

中村　都［追手門学院大学＝国際関係論］

中野裕二［駒澤大学＝政治社会学］

目　次

1 国民の二層化と「移民・難民問題」の政治的構築

ヨーロッパ2015〜16年"危機"の一考察

宮島　喬

問　　題

　戦争や内戦の形をとる組織的な殺戮や破壊だけではなく，構造的暴力の作動をもそうなら——物理的暴力だけでなく言語的威嚇（ヘイトスピーチなど）も含め——人種・民族の差別，排除を惹起する暴力も，平和破壊のそれといえよう。アメリカに頻発してきた警官の黒人への差別的扱いに，広範な市民の抗議デモがあり，これに武器所持白人集団「ミリシア」が対峙するという事態などはそれである。ヨーロッパでは様相が異なるが，ナショナルマイノリティと国家またはマジョリティ集団との紛争が熾烈な形をとった（英国の北アイルランド紛争，スペイン国家とバスク ETA の対決など）。

　では，ナショナルマイノリティならぬ，移民マイノリティについてはどうか。移民が，紛争の当事行為者となることは稀で，一般に移民集団のホスト社会への関係は依存，従属を基調にし，抗争の関係に入ることは少ない。それだけに，「移民・難民問題」とは，国家権力，または特定の政治勢力によって構築され，社会政治紛争であるかのような形をとるのが実際である。2015〜16年のヨーロッパはそうした事の展開の舞台となった。そして，その背景，文脈として国民ないし国民国家の変容の過程があったのではないか。

1 移民──正統性なき対象

　西欧で唯一「移民国」という自認をもってきたフランスについても，移民史家 G. ノワリエル（Gérard Noiriel）はこう書く。アメリカではまず移民の到来があり，遅れて国民の形成が始まるが，フランスではフランス革命と国民の形成という過程が圧倒的に重要で，移民現象は，明らかに遅咲きで，「共和国の起源と正統性をめぐる純フランス的な論争のなかでは，まったく理解されない，さらには存在する理由すらない問い」だった，と（ノワリエル［2015］20頁）。彼は移民を（フランス史上の）「正統性なき対象」とさえ呼ぶ。また，L. コリー（Linda Colley）の浩瀚な『イギリス国民の誕生』も，英国の社会と国民の形成に関わったはずのアイルランド移民には，触れるところがない。ドイツではどうだったか。マックス・ウェーバー（Max Weber）が19世紀末に看破したのは，ドイツ東部に農業労働者やその他様々な形で入って来るポーランド人の存在であり，「経済的知性や資本力」で劣っているからこそ彼らは地歩を得ていくのだ，と差別的にひびく口吻で論じたのは有名である（ウェーバー［1965］12頁）。時代が飛ぶが，イギリスでは有色移民の第一号とされるジャマイカ人500人の1948年の上陸が，舶載した船名「エンパイア・ウィンドラッシュ号」の名とともに記憶されていて，それは「望まれざる人々」（unwanted people）だった（浜井［2004］36頁）。

　だから，外国人／移民を「闖入者」，「仕事を奪う簒奪者」として攻撃，排斥する出来事も起こる。前々世紀末フランス諸都市でみられた「イタノフォビア」と殺戮は，フランス人労働者・市民の襲撃によるもので，移民たちは全く受け身の犠牲者だった[1]（ちなみに，1923年日本で関東大震災時に行われた朝鮮人大量虐殺は，その何十倍の犠牲者を生んでおり，検証されるべきものである）。

　時間は飛ぶが，今世紀に入り，ヨーロッパでは，移民の存在，行動に帰

せられる危機に相継いで見舞われる。オランダにおける映画作家テオ・フ
ァン・ゴッホのモロッコ系移民二世による刺殺事件（2004年），フランス
のパリ市郊外及び若干の都市での移民の若者の「暴動」（2005年），シャル
リ・エブド事件ほかイスラーム過激派による数次の大規模テロ（2015～16
年）。これらの出来事はそれぞれ，人の殺傷，多くの市民の財産破壊，多
数の殺戮を生じた以上，平和の破壊といわざるをえない。特に2015～16年
のフランス，ベルギーを襲った一連のテロは，500人を超える一般市民の
命を奪っている。

　それらの出来事は，「移民・難民危機」という言葉で括られるが，その
原因者ははたして移民，難民たちで，その目論見や行為だったのか。国民
の意識は，それをどう捉えたか。現代ヨーロッパにみられる「反移民」の
政治潮流に触れ，ある論者は「反移民主義は，国家技術の現代的なやり口
であり，多くの国家技術の実践と同様，秩序への願望に動機づけられてい
る」と書いている（Doty［2003］p.14）。たしかにこれは真実を含むが，そ
の国家技術とはどのようなものか。それは国民動員の技術を含むものであ
ろう。

2　二つの国民層と移民──戦後からEC，EUへ

　「ネイション」，「ナショナル」は，現代ヨーロッパでは使われにくい言
葉になっている。かつてファシズム期のヨーロッパで，ナチス「国家社会
主義」（Nationalsozialismus）やヴィシー政権の「国民革命」（Révolution
Nationale）などの名辞が氾濫したことへの記憶があり，その反省がこの語
を避けさせた。O. ダン（Otto Dann）は，近現代ドイツではナショナリズ
ム（Nationalismus）は，すべての人間，国民を平等に尊重されるべきもの
と認めず，「他の民族，国家を劣等とみなし，そのように扱う政治行動様
式」だった，と見ている（ダン［1999］7頁）。フランスでも19世紀末以来，
モリス・バレース（Maurice Barrès）ら右翼勢力による Nation, nationa-

lisme の特殊使用の流れが生まれる（Girardet［1966］pp.18-19）。Nation は，*natio*（生まれ）に強勢が置かれ，土，血，祖先との繋がりに重きをおく言葉として使われ，そうした繋がりの根をもたない者（デラシネ），知識人，都市プロレタリア，移民は，国民共同体にとって敵手とされた。

　そういう過去もあってか，Nation, nation の語は，憲法，法律に関わる公的なターミノロジーでは避けられることが多い。ドイツでは Nation ではなく，Volk が使われ，フランスでは現行憲法で「主権は○○に属する」といった重要な文言では，nation ではなく peuple（人民）が用いられている（Volk と peuple は意味が近い）。今日，national, nationalist の語を冠する政党は，英，仏，独，スイス，デンマーク，ギリシャ，マルタに存在していて，ほとんどが右翼政党である。

　ヨーロッパ統合の具体的歩みが1950年代から始まる。多国間主義が基本となり，EC，EU の構成国になると，各々の国家主権の相当部分を移譲せねばならず，この主権移譲の多国間協調が，ヨーロッパの平和を担保したといえる。人権の保護，多国間の合意の形成，力による国境の変更の抑止がはかられるからである。定住する移民との差別なき共住，共生がめざされ，外国人地方参政権が条件付きながら開かれる。多文化デモクラシーといってよい。EU はその基本権憲章で，庇護権の保障をうたい，現代世界における人権抑圧や政治的・宗教的迫害から人々を救済することを国際貢献の義務としている。

　それゆえ，EU のなかの「国民」は，従来的な意味での国民ではない。域内諸国間を移動し，他国で職に就くこともあり，二言語，三言語の話者となり，二世は重国籍者となるといった人々を含む。理念型的にいうと，一元的な国民忠誠を求められない，多文化理解をもつ，よりコスモポリタンな国民といってよい。こうした国民は，出自を異にするマイノリティ住民をも包摂するであろう。事実，people, citizen の語が充てられる国民の概念は，強い排他性をもたない。ドイツでいう Volk もそうだったのではないか。

さらに次の2点に注目する。人口の都市化と高学歴化が進むなかで，コスモポリタン型はおそらく国民の半数を超えたとみられること，そして第二に，移民および移民の背景をもつ人口が[2]，フランス人の2割，ドイツでも総人口の約2割に達し（Lacroix［2016］p.74，近藤［2007］37頁），ベネルクス三国でも同様かそれ以上であろう。彼らは，多くが参政権ももち，特に第二世代をとると，コスモポリタン型の国民アイデンティティをもっていると推定される。以上を仮に第一国民層とよぼう。

　しかし，EU構成国の国民には，他方の極に，域内移動をすることも少ない，職業活動も自国内で完結する農業者，自営業，小企業主，マニュアル労働者などがいて，国境なきEUのなかに置かれ，かえって不安を感じ，ナショナルな意識を維持する人々もいる。第二国民層というべきか。EUヨーロッパを自分の活動や利益享受の場とは感じない人々にとっては，開かれた経済・社会空間はむしろ脅威と感じられ，その一つに移民・難民の流入への脅威を感じ，そのため国家の保護を求め，反EU，主権国家の回復を望む傾向にある。

　彼らの生きる世界を窺ってみる。その多くがそのなかに生きる環境（中小都市や郡部）では，普段は外国人，移民との出会いは稀で，隣人，知人，友人として接触をもつことはない。彼らにとり「国民」とは，同じ言葉，宗教，生活習慣，過去の思い出を共有している人々の集合，プラスそのような人々の「想像の共同体」であろう。彼らがそのなかで主人公でいられる市民生活秩序があり，それを乱されたくない。イギリスのEUの残留か離脱かを問う国民投票（2016年）では周知のような結果が出たが，これは，EU域内から到来する大量の移民が市民の生活秩序を攪乱するというカタストロフィー視も，一つの理由となった。若松邦弘が英国のEU離脱支持の中心層としてあげた「普通の人」（ordinary people）が，そうした反応をしたのではないか（若松［2018］）。EU経済の受益から取り残された人々（the left behind）だったともいえる。英国独立党（UKIP）はこうした人々をターゲットにその不満を吸い上げた（2015年総選挙で，12.6%を得票）。

この国民層をバックに勢力を伸ばしてきた右翼ポピュリスト政党の代表格が，フランスの国民戦線（Front National）だが，その名とともに，nation，nationalの語が意味復活する。今触れたイギリスのUKIPは，1993年に結党，EU脱退を党是とし，得票率2〜3％の小政党だったが，2010年代に票を伸ばす。他のEU諸国では，西と東の統一を果たした直後のドイツで，ホイヤースヴェルダ事件[3]などを通じて，移民，難民の受入れに拒否反応を示す住民が多いことがわかり，これがやがて右翼ポピュリスト政党の基盤の一つとなっていく。実際，ドイツ東部（旧DDR），そして中東欧諸国では——後者は2004年以降EU加盟を果たすが——EU空間で行動，活動する市民層はまだ薄く，多文化デモクラシーになじむ経験がなく，そのため民族的統合をシンボル化する政治指導に惹かれやすかった。

3　排除の原理としての「国民」

　国民と移民。表象の上ではともかく，集団間関係として両者を対置するのはイロジカルである。移民を，当該国に定住している外国生まれの人々（foreign-born population）と定義すると，それはドイツでは約1,320万人，フランスでは780万人におよび，それぞれ総人口の16％，12％を占める（OECD［2019］）。そしてフランスの場合，この移民の約30％はフランス国籍取得者となっている。移民は，法的カテゴリーではなく，社会学的概念であり，法的カテゴリーからみれば外国人と内国人に分けられるものの，移民−非移民は簡単に対置できないほど入り組んだ関係のなかにある。

　なお英，仏，オランダ，日本など旧，現植民地保有国では，植民地出身移民に一律に国籍を付与し，形式的に国民（内国人）化し，その上で市民権に制限を加えている例が多い。なかでもイギリスの場合は複雑で，旧，現植民英植民地出身者には英国籍が認められているが，その地位は，英国市民，英国属領市民，英国海外市民に分けられ，イギリス居住権が認められるのは，英国市民のみである（Hansen［2000］p.213）。

フランスでは，政治指導者が公の場で使う用語は，たいてい「共和国」
であり「市民」（citoyen）であって，nation, national の語を躊躇なく，当
然のごとく使ってきたのは，前述の「国民戦線」（以下，FN と記す）であ
る。その初代党主ジャン゠マリ・ルペン（Jean-Marie Le Pen）は「国民
（nation）とは，言語，諸利益，諸人種，追想の，ないしみまかった人々の
共同体である。国民は，その根っこによって，死者，過去，遺産，継承物
を内に保持している」と語った（Besche［1999］p.161）。これは上述の伝
統右翼，ナシオナリストのナシオンの議論をほうふつとさせるものがある。
　その娘マリーヌ・ルペン（Marine Le Pen）率いる同党は伝統右翼とは縁
を切ったといわれるが，次の２点ではナシオンの意味を引き継いでいる。
国民には，真の国民と，制度によってつくられた国民があるとしているこ
と，そして移民の国民への編入には同化可能性（assimilabilité）という基
準を置くこと，であり，そこに先代ルペンの使った「同化可能性」の等級
付けの議論の影響がある。この二つを組み合わせると，制度によってつく
られた国民にも２種が区別されてくる。同化可能性が特に問われない者た
ちは国民として黙認される。それはヨーロッパ系移民出自のフランス人で
ある。それに対し，同化可能性が問われる（否定されうる）マグレブ系，
アフリカ系などはその外にある周縁フランス人，「ペーパー・フランス人」
（書類上だけのフランス人）ということになる。
　世論調査は繰り返し，「ルペン FN の移民観は，多くのフランス人の思
っていることをいっている，という意見に賛成か反対か」と尋ねているが，
「ウィ」は25〜45％の間に分布し，諸調査の「ウイ」回答の平均は32％だ
った（Gastaut［2000］p.140）。ほぼ３分の１という数字は，保守政党支持
者の３割ほどを巻き込んでそうなっているもので，その後もこの傾向は続
いているとみられる節がある。[4]FN の支持層についての調査によると，職
業階層ではマニュアル労働者，農業者，自営業主が主だったところで
（Rosencher［2017］），低学歴，小都市・郡部居住，態度としてはエスノセ
ントリックという特徴をもっている（Rivière［2017］）。これらを括れば，

前述の「国民」像が浮かび上がってくる。

　ドイツでは，「すべての国家権力はフォルクより発する」（基本法第20条）におけるフォルク（Volk）をリベラルに解釈しようとする試みはあり，定住外国人への地方参政権付与を方針とする社会民主党（SPD）が与党となっているハンブルク市とシュレスウィッヒ＝ホルシュタイン州で，1991年，定住外国人にそれぞれ市議選，市町村議選の選挙権を与えることを議決した。当時，そうした権利を要求するトルコ人青年たちが配布ビラに，「われわれもまたフォルクだ」（Wir sind auch Volk）記していたものである。だが，連邦政府与党のキリスト教民主同盟（CDU）─キリスト教社会同盟（CSU）が，「外国人選挙権は民主主義を損ない，ドイツの国民的一体性を破壊する」とし，これを違憲だと訴え出た。そして連邦憲法裁判所の判決も，これを違憲とした。基本法第20条における「フォルク」は，「ドイツ国民（deutsche Volk）にほかならない」と宣し，その一体性は守られねばならないとした（宮島［1992］171-173頁）。定住外国人（移民）をフォルクの外に置くフォルク解釈が勝ちを制したのである。

　ところが，コール政権にとって代わったSPDと緑の党連立のシュレーダー政権は，別の形で国民のこの一体性に風穴を開ける。CDU－CSUの抵抗を押して，1999年，生地主義を加味した新国籍法を成立させた。これによって移民第二世代はドイツ生まれであれば，ドイツ国民に自動的に参入していけるようになり，将来フォルクの内実が変わることが予想された。以来，「ドイツは移民国（Einwanderungsland）なり」という言葉が聞かれるようになる。

　今世紀のドイツをみると，シュレーダーからメルケルへと政治指導者の顔は変わるが，移民を包摂する，ダイバーシティ容認の国民の形成という方向は変わらず，将来の人口減を前にし，外国人労働者の受け入れ，および，難民受入れの門戸を開いておくことに合意は成ったといえる。ただし，東部ドイツ（旧DDR）の住民における生活格差と意識差はなかなか解消されない。メルケル首相が率先参加し，移民の統合政策のあり方を討議す

る，移民団体の代表も招いての「統合サミット」が2006年7月に開催された。象徴的意義にとどまるにせよ，この国の政治主流が，移民の排除ではなく，包摂の志向をもっていることを内外に示した。ある機会にメルケルが述べた「イスラームもドイツに属する」という言葉も記憶された。

やや時間を置き，新政党「ドイツのための選択肢」（Alternative für Deutschland, AfD）の結党がある。以後，二つの顔の「ドイツ国民」観が並行するようになる。同新党は，ユーロ危機へのドイツ政府の対応を批判する，反ユーロの経済学者主導の新自由主義的ナショナリストの党だった。しかしEU懐疑派で，社会問題に保守的な見解を表明し，「ドイツの利益第一」をいうため，集会へは右翼の人間の参加が多く，その入党を招きやすかった。そして東部ドイツ，ドレスデンにこの頃誕生をみ，広がるペギーダ（PEGIDA[5]）運動（後述）と繋がりが生まれる。結党時の中心メンバーだったナショナルな新自由主義者は離党していき，党はペギーダと連携しつつ，支持を広げ，ザクセン州ほか東部諸州で州議選で議席を得，2017年の連邦議会選挙では12％を得票，90余議席を獲得した。このAfDは，「ドイツ人のためのドイツ」を唱える普通の政党だと自認するが，移民，難民受け入れに厳しい態度をとる。

EU加盟を果たして間もない中欧，東欧諸国に一言すると，そこではチェコとスロヴァキアの2国への分離（1993年）に象徴されるように，西のEU諸国のような多文化包摂の国民形成とは逆に，民族的純化をめざす国民再形成を行うケースが多く，なかにはそれを過度に進め，ハンガリーのように，国外に住むハンガリー人（マジャール人〔*magyarok*〕）をも国民同胞とみなすような憲法（基本法）の条項（D条）をもつにいたる国もある。そのようにつくられる「国民」は，文化的背景を異にする人々（難民）を受け入れよと求められると，どう反応するだろうか。

4 「移民・難民危機」の構築——「移民問題」という クレイム申し立て

　2010年代の西欧には二重ないし三重の危機感が支配していた。ギリシャの粉飾財政の判明に端を発したユーロ危機はなんとか乗り切ったものの，厳しい緊縮財政を強いられた南欧諸国に不満は残り，ドイツでは自国ファーストの運動が，イギリスではEU離脱の主張が強まる。そして，EU新加盟の中・東欧諸国との間にデモクラシー観をめぐる対立が生じ，さらに対外的にはアルカイダ勢力やIS（イスラム国）の対欧州の攻勢が予感されていた。

　そんななか，より単純な「移民・難民問題」の構築は，中欧諸国によって行われた。シリア内戦等が生んだ大量の難民が，ギリシャから西バルカンルートをとりドイツに至るのに，ハンガリー領内を通過するにすぎないのに，同国のオルバン政権は，これがハンガリー国民の安全を脅かすとして，国境に鉄条網の壁を建設，難民を危険な「侵入者」として呈示した。これは社会学的にいえば，何らか想定された状態にクレイムを申し立てる人々の活動がつくり出す疑似問題である[6]。チェコでも，難民を同様に問題視，争点化することが行われた。西ヨーロッパの諸国民のように移民，難民を迎えた経験もなく，人道的な難民保護の意義について教育もされていない国民を利用してのフレーミングだったといえる。オルバン政権は，難民を危険な存在とすることで，民族主義路線への支持強化をはかる。ただ，中欧諸国中，スロヴァキアは唯一，大きな民族マイノリティ集団（人口の約1割を占めるハンガリー系住民）を抱え，同マイノリティ系政党と連立していて，難民問題をことさら争点化しなかったことは注目される（中田［2019］121頁）。

　2015〜16年のフランスにおける「移民問題」の構築は，より複雑だった。シャルリ・エブド事件の直後，「言論の自由の圧殺」の糾弾，抗議が前面

に出され，「私はシャルリ！」と連呼するデモが展開され，パリその他の都市の街頭を埋めた。政治指導者（たとえば大統領オランド）も，このテロを強く非難しつつ，「テロの容疑者がムスリム移民の子弟だからと，一般のムスリム移民やイスラーム信者を非難してはならない」と戒めていた。

　だが，アルカイダやISの影響，指令を受けたテロ実行者がアラブ・アフリカ系移民二世だったことを捉え，内外のメディアはその個人像を洗い出し，「○○○系移民」という背景を強調する。「ホーム・グロウン・テロ」という観念を流布される。もともと共和国的統合と相容れない国民統合観をもつFNは，マグレブ系，アフリカ系移民を，「同化不可能」な，警戒すべき人々とする。同党は根底で，「ムスリムの侵入に抗して『生粋フランス人』を集合させる」という目論見をもち（Kepel［2015］p.19），これら移民のコミュニティを「テロ行動の温床」だと言い募る。その後，11月にパリ市内及び郊外ではるかに大規模な同時多発テロが起こり，一夜で市民の犠牲者は合計130名余に及び，IS系組織の支配下の移民出自の若者が実行者だとされる。この直後，オランド政府は，テロの実行犯追及と，再発防止の徹底のためとして，かつての抑制された態度から一転し，一般ムスリム住民（移民出自）と思われる人々にも監視（尋問，拘束）を広げ，移民＝テロ幇助者とのイメージを与えた。これには当該住民たちから強い反発があった

　ドイツではどんなクレイム申し立て—問題構築—がなされたか。ドイツのことに東部では，多数の難民の受け入れに「ノー」がいわれ，ペギーダが前面に出て，これを問題視するとき，反難民・難民がほとんど「反イスラーム」に置換された。なぜか。東部ドイツ，そこに住まう住民がトルコ系，アラブ系移民などにまみえることもない地で「反イスラーム」のアピールをする。それは，メディアの流す情報への反応かもしれず，あるいは，外国人排斥や難民ストップを直接呼ぶリスク（レイシストと非難される恐れ）を避けるため，代りに「イスラーム」をいうのではないかとみられた。西，東を問わず，ドイツはキリスト教文明に基づく国とみなす自意識は根

強く，「イスラームはドイツにとって異質だ」という違和感の表明が当然視される風土がある。それだけに，「反イスラーム」は観念的，幻影攻撃的な一面をもっている。ここには一種スケープゴートとしての移民・難民排斥があるといえる。「イスラームもドイツに属する」といったメルケルに反対し，自らはドイツ主流政治からは打ち棄てられた弱者だとする不満の投影があるのではないか。

　テロやイスラームの問題から離れるが，フランスの FN も，ドイツのAfD も，いま一つのクレイム申し立てを行って「移民・難民問題」をつくってきた。政府批判を通して，移民・難民の存在を「不幸の元凶」たらしめるわけで，すなわち，大量の移民・難民の受け入れのための政府の財政支出が，本来自国民の労働者や農業者や高齢年金生活者の救済に充てられるべき支出を圧迫し，彼らを貧困化させている，とする。FN や AfDがよく宣伝に用いていた言葉は，「フランス人（ドイツ人）の勤労者は失業や低所得に苦しんでいるのに，政府は外国人，難民を受入れ，保護するのに年間○○億ユーロも使っている！」というものである。移民＝福祉依存者とみなす，よくある批判と通じるものである。

5　リベラルな価値にもとづく移民，難民の扱いのパラドクス

　EU の中心国で，国民統合でリベラルなスタンスをとり，移民，難民の受け入れと統合において消極的ではないとされるフランス，ドイツの，中道右派・左派政権の下でも，「移民問題」の構築がなされなかったわけではない。

　「共和国的」（républicain）と称されるフランスの国民統合の論理は，人々の有するいかなる属性（人種，宗教，出自など）からも区別された「市民の共同体」として国民をとらえるというもので（中野［2018］74頁），かつ，この市民は「世俗的（非宗教的）」共和国の構成員として，公事において，「ライシテ」ないし「宗教的中立性」を守るべきものとする

（HCI〔1993〕p.37）。この規範の具体化は，1989年にある公立中学校が，イスラームのスカーフ（ヒジャーブ）を身に着け登校した女性徒にそれを脱ぐように命じたことに始まった。「スカーフ問題」は政治の場でも論じられ，賛否もあったが，大勢が動き，公的な場（特に公立学校）で宗教的象徴を身に帯びることを規制する法制化も行われる。だが，本来，強大なカトリック教権の政治・教育の支配と闘うために打ち出されたライシテの原則を，イスラームに適用すること，まして年端も行かない女生徒のスカーフ着用を問題視するのは適切か，との論があった。にもかかわらず，イスラームの行動規制が行われるのは，スカーフ着用の女性徒の背後にイスラーム原理主義の影響があるという懸念があったからといわれる。そうした少女たちと原理主義との関わりは実証されないにもかかわらず。

　これに相乗りし，共和主義者のライシテ思想には添わないはずのルペンFNも，ライシテに反するとする移民たちの行動をあげつらい糾弾する〔これには「虚偽化されたライシテ」論だとするJ.ボベロ〔Jean Baubérot〕の反批判がある（Baubérot〔2014〕）〕。いずれにせよ，ライシテを盾に，ムスリム移民を原理主義と結びつけ，同化不可能な存在と断じる。根拠の疑わしいなかで進められる「移民問題」の政治化の一つの方向である。

　一方，ドイツでは，シリア等からの大量の難民の到来が予想されるなか，2015年年初の世論調査では市民の3分の1は，「強力な歓迎文化」を要求したとされる（坪郷〔2016〕105頁）。同国の政治主流のメルケル率いるCDU／CSUとSPDの連立政権は，ドイツは世界に開かれた国で，社会発展のために移民を受け入れ，難民受入れもチャンスと捉えるという立場を公にする。この点ではよりラディカルな緑の党も合して「歓迎の文化」（Willkommenskultur）が醸されたのは確かである。メルケルの決断もあって2015年9月以降大量の難民がドイツに受け入れられていき，彼らを運ぶ特別列車がミュンヘンやフランクフルトの中央駅に到着するとき，これを歓迎の拍手をもって迎える人々がいた。西のドイツでは，ペギーダのデモはより少数で，反ペギーダの対抗デモのほうがより多数だった。

その西のドイツの代表的なメトロポリス，ケルンの中央駅付近で，2015年大晦日の夜，移民・難民によるドイツ人多数への性的暴行・窃盗の事件が起きた（Busch［2016］p.50）。検察当局の発表では，多数の被害届が出され，容疑者としてアラブ・アフリカ系の外国人が特定され，手配されたことが発表された。だがケルン市長の「事件を北アフリカ系難民と結びつけるのは不適切」との緊急記者発表があるなど，事件の全容・真実が，エヴィデンスとともに明らかにされ報告されたとはいえない。だが，メディアの「暴行」報道が先行した。

　事件は，あの「歓迎の文化」を支えてきた市民たちにも衝撃を与えたといわれる。「リベラルな価値（人権の尊重，男女平等など）を基準とした移民・難民の他者化」が様々に行われるようになった（昔農［2019］46-47頁）。メルケル政権もこれを承けて，性犯罪の罰則強化，容疑者の国籍として挙がった北アフリカ諸国からの難民を審査除外国（安全な第三国）に組み入れる法改正を行う。

　こうした出来事を，当然 AfD は利用して難民への警戒心を煽り，難民の入国を治安問題化する。CDU － CSU の側では，AfD への対抗上「難民問題」を争点化して保守支持層を自陣に取り戻そうとする勢力が強まり，CSU 党首ゼーホーファーの「難民問題はすべての問題の生みの親だ」という発言（2018年10月）を生む。難民を国境で追い返せというその主張が，これを象徴した。

　終わりに──暫定的な結論

　従来，社会経済的な問題として扱われることの多かった移民問題が，なぜ2010年代にヨーロッパで政治化され，政治争点にされたかをみてきた。移民の問題には，表象化の側面と，客観的地位構造の両面がある。もはや移民は一様に貧しいわけでも，低熟練労働者でもなく，地位の分化もみられるが，しかし客観的データが語るのは，たとえばマジョリティをなす

EU 域外出身移民の平均失業率の驚くべき高さである。フランスに例をとると，非移民（ネイティヴ）の失業率が 8 ％台に対し，彼らのそれは 3 倍の22〜23％を記録し（Blum Le Coat［2014］p.83），貧困率では40％台と，フランスの平均の 3 倍を超えた（INSEE［2012］p.117）。こうした状態はあまり変わっていない。

　それがヨーロッパを襲ったイスラーム過激派のテロリズムの甚大さ，シリア等から大量の難民が到来しその受入れが容易ならぬ課題となったことが，10年代後半の状況を規定した。到来する移民，難民が職を脅かす，治安不安，市民の生活秩序の撹乱を招いているとのクレイム申し立て，ムスリムが多数を占める難民の大量入国が自国のイスラーム化を招くといった問題構築が行われ，かつ，こうした言説に動かされやすい国民部分が，フランスでもドイツでも，また Brexit を決めた英国でもあることが判明した。この変化を，論者によっては EU 型の国民意識の退潮，「再国民化」（renationalization）と捉えている。「国家主権の回復要求という意味での『再国民化』，移民の排斥という形での『国民』の再画定の思潮の強まり」で，対外的には「国家中心主義」が，対内的には「移民排斥という形でのナショナリズム」が隆盛した，と（高橋［2016］ ii 頁）。

　ただし，それは支配的傾向だろうか。それは主に右翼ポピュリズム勢力が主導しようとしたもので，これが政治指導者を捉え実現したのは，中・東欧諸国と，EU 離脱へ進んだ英国であり，フランス，ドイツ，ベネルクスでは，ポピュリスト勢力に動員された一部の国民を除くと，反移民の感情は抑えられ，反 EU の主権主義に傾いたとはいえない。ドイツでは2015年下半期の大量の難民の流入時に，ペギーダがデモを繰り返し，AfD が票を伸ばし，連邦議会に議席を得たが，国民の 8 割以上は，同党をその選択肢に含めない。移民との共存，共生は当然，または選択の余地なきことと考えているのだろう。

　EU 構成国で，移民・難民の受入れ拒否，排除に傾いている国はたいてい，経済発展格差の大きい，かつ国民統合の原理として民族統合に重きを

おく国々だった。また，上記のように EU の中心国にも，反移民の言説に惹かれやすい経済困難層，不安的雇用，失業の脅威にさらされている層がある。EU 全体，および各国で格差是正のための所得再分配の強化，雇用創出，職業研修などが，それとして進められなければならない。また移民，難民の拒否や差別が，少なくとも一部ゼノフォビアやレイシズムによる以上，意識啓発，さらには反人種差別法のサンクションの強化は必要だろう。

　ところで，当の移民たちは，非難され，排除され，あるいは保護される客体にとどまっているだろうか。必ずしもそうではない。西欧では今，移民第二世代が主要アクターとなる時代になり，彼らはホスト国で育ち，教育を受け，なかには高学歴者もいる。その職業的地位はなお不安定な者が多いが，意思表明主体にはなりうる。移民に対する差別，偏見，排除の企てが示されるとき，これに抗議し，偏見を正し，平等な扱いを要求する。こういう第二世代の行動は，フランスでは1980年代に結成された「SOS ラシスム」を嚆矢とし，諸団体によって進められ，FN の移民排斥の要求と闘うなど，主な力となってきた（Weil ⌊1991⌋ p.1909）。ドイツでは，たとえばトルコ系などの若者は労働組合に加入し種々の経験をし（労働総同盟 DGB などが彼らを支援し），対抗的な行為主体になってきている。

　有権者としての移民たちの行動に一言すると，従来選挙という制度的政治参加には積極的でなかったが，有権者登録を行い，投票所に足を運ぶようになり，フランスでは2012年の大統領選でムスリム移民および二世の9割近くが社会党オランド候補に投票したことがわかっている（森［2018］215頁）。また，2017年の大統領選では，移民有権者の比率が高い大都市ほど，ルペン候補の拒否票が多く，事実，パリ市での彼女の得票率は10％を切っている（全国では33％）。排除ではなく，統合への自ら進もうとする彼らの姿が窺われるのではないか。

注
　1　検察官の調書が残っている事件としては，1893年8月，南仏の港町エ

イグ＝モルトで働いていたイタリア人労働者が，「われわれの仕事を奪った」と怒るフランス人労働者に襲われ，多くの町民群衆が棒など凶器をもってこれに加勢し，数十名のイタリア人が死傷する惨事があった。止めるすべもない官憲の面前で，撲殺される者もいた。イタリア人は無抵抗で逃げまどい，若干は商店や町の要塞の一角に匿われ，夜，ニームから送られた騎馬部隊が到着し，ようやく救出される（Schor［1996］p. 25）。

2 移民および，両親または1人の親が移民である子どもを指す。

3 1991年9月，ドイツザクセン州の小都市ホイヤースヴェルダで，新設の受入れセンターに難民たちが送られてきたが（ドイツでは国が入国を認めた庇護申請者は，人口比に応じて地方自体が分担受入れを行う），受入反対を叫ぶ町民のデモや施設への襲撃が連日起こされ，やなく難民たちはより安全な他の自治体に移されることになるが，その移送のバスにさえ投石がなされるという一連の事件があった（*Der Spiegel*, 30.4.1991）。

4 2017年の仏大統領選で国民戦線ルペン候補の，第2回投票（決戦投票）での得票率は33％だった。

5 「西洋のイスラーム化に反対する愛国的ヨーロッパ人」（ドイツ語）の略号

6 「移民・難民問題」の立てられ方を理解する上で，以下のような想定に立つ構築主義的アプローチはある程度有効だと考えられる。「社会問題は，なんらかの想定された状態について苦情を述べ，クレイムを申し立てる個人やグループの活動であると定義される」（キツセ，スペクター［1992］118頁）。

参考文献

Baubérot. J.［2014］, *Laïcité falsifiée*, La Découverte.

Besche, C.［1999］, Analyse de textes autour du concept de « race » : deux discours de Jean-Marie Le Pen, *Psychologie Française,* No.44-2.

Blum Le Coat et M. Eberhard［2014］, *Les immigrés en France,* La Documentation Francaise.

Busch, K.［2016］, Das versagen Europas: Die Euro-und die Flüchtlingskrise sowie die ‹Brexit› Diskussion, VSA Verlag.

Doty, R.L.［2003］, *Anti-immigrantism in Western Democracies;Statecraft, desire, and the politics of exclusion,* Routledge.

Gastaut, Y. [2000], *L'immigration et l'opinion publique en France sous la Ve République*, Seuil.

HCI（Haut Conseil à l'intégration）[1993], *L'intégration à la française*, Union Générale d'Editions.

Hansen, R. [2000], *Citizenship and Immigration in Post-war Britain*, Oxford University Press.

Girardet, R. [1966], *Le nationalisme français: 1871-1914*, Armand Colin.

INSEE [2012], *Immigrés et descendants d'immigrés en France*.

Kepel, G. [2015], *Terreur dans l'Hexagone: genèse du djihad français*, Gallimard.

Lacroix, T. [2016], *Migrants: L'impasse européenne*, Armand Colin.

OECD [2019], *International Migration Outlook 2019*.

Rivière, J. [2017], L'espace électoral des grandes villes: votes et strucrures sociales intra-urbaines, *Revue française de science politique*, Vol.67 No.61.

Rosencher, A. [2017], Pourquoi Le Pen progress（encore）?, *L'Express*, No. 3425, 22.02.

Schor, R. [1996], *Histoire de l'immigrationn en France de la fin du XIXe siècle à nos jours*, A. Colin.

Weil, P. [1991], *La France et ses étrangers: L'aventure d'une politique de l'immigration 1938-1991*, Carmann-Lévy.

ウェーバー, M., 田中真晴訳 [1965]「国民国家と経済政策」『ウェーバー政治・社会論集』河出書房新社。

キツセ, J. I., M. B. スペクター, 村上直之他訳 [1992],『社会問題の構築──ラベリング理論をこえて』マルジュ社。

近藤潤三 [2007],『移民国としてのドイツ──社会統合と平行社会のゆくえ』木鐸社。

高橋進 [2016],「まえがき」高橋進・石田徹編『「再国民化」に揺らぐヨーロッパ──新たなナショナリズムの隆盛と移民排斥のゆくえ』法律文化社。

ダン, O., 末川清・姫岡とし子・高橋秀寿訳 [1999],『ドイツ国民とナショナリズム　1770-1990』名古屋大学出版会。

坪郷實 [2016],「Pegida 現象と『現実にある市民社会』論」高橋進・石田徹編『「再国民化」に揺らぐヨーロッパ──新たなナショナリズムの隆盛と移民排斥のゆくえ』法律文化社。

中田瑞穂 [2019],「〈難民問題〉を争点化する東中欧諸国の政治──チェコ

の政党政治を中心に」宮島喬・佐藤成基編『包摂・共生の政治か，排除の政治か──移民・難民と向き合うヨーロッパ』明石書店。

中野裕二［2018］「〈共和国的統合〉とフランス──包摂と排除の政治」宮島喬・木畑洋一・小川有美編『ヨーロッパ・デモクラシー──危機と転換』岩波書店。

ノワリエル，G.，大中一彌他訳［2015］，『フランスという坩堝──一九世紀から二〇世紀の移民史』法政大学出版局。

浜井祐三子［2004］，『イギリスにおけるマイノリティの表象──「人種」・多文化主義とメディア』三元社。

宮島喬［1992］，『ひとつのヨーロッパ　いくつものヨーロッパ』東京大学出版会。

森千香子［2918］，「政治的行為としての『暴動』──パリ郊外移民集住地域の政治変容」宮島喬・木畑洋一・小川有美編『ヨーロッパ・デモクラシー──危機と転換』岩波書店。

昔農英明［2019］，「リベラルな価値に基づく難民保護のパラドックス──ドイツの『歓迎文化』の内包する排除の論理」宮島喬・佐藤成基編『包摂・共生の政治か，排除の政治か──移民・難民と向き合うヨーロッパ』明石書店。

若松邦弘［2018］，「『普通の人』の政治と疎外──EU 問題をめぐるイギリス政党政治の困難」宮島喬・木畑洋一・小川有美編『ヨーロッパ・デモクラシー──危機と転換』岩波書店。

［お茶の水女子大学名誉教授＝社会学］

2 日本社会の多文化化の現状から，日本の「国民」を考える

佐竹　眞明

はじめに

　2020年7月には東京オリンピック・パラリンピックを控え，日本は在日外国人に加え，外国人観光客を含め，空前規模の多文化的空間になろうとしていた。しかし，2020年初頭から新型コロナウィルスの感染拡大に伴い，オリンピック・パラリンピックは2020年3月に，1年程度延期された（『朝日新聞』2020年3月25日）。その後，国際線就航がほぼなくなり，街中で外国人観光客も見かけなくなった。

　それ以前において，日本社会は外国人観光客の集客や，滞在する外国人の数は史上最多であった。一般に「日本国民」といった場合，多くの日本人にとっては，日本国籍を持ち，日本社会を構成する人々を指す。誰もが日本語を話し，日本の文化を尊重し，日本の歴史を愛する，と想定する。しかし，日本の中で暮らす「非日本人」＝外国人，「ハーフ」のような，あえて言えば「半分日本人」の増加する中，国籍に背を向ける事例が現れている。つまり，国の代表が参加する五輪において，「日本人」であることを捨てて，外国人として，五輪に参加しようという「ハーフ」が現れている。

　他方，日本の中でしつこく残る人種・民族差別的言動（ヘイトスピーチ）を取り締まる動きが注目される。社会が多文化される中で，はびこる雑草

のごとく，差別の根が残っている。本稿では，それがいかに残り，そして，それを刈り取ることがいかに困難かについて，検討する。

1　国民の福祉と在留外国人への構造的暴力

　総理大臣や天皇が儀式において，「国民の福祉を願います」「国民の幸せを願います」と述べることがある。2020年1月20日，第201回国会における安倍晋三・前内閣総理大臣による施政方針演説冒頭はこんな具合である。

　　　「日本オリンピック」。坂井さんがこう表現した六十四年大会は，まさに，国民が一丸となって成し遂げました。未来への躍動感あふれる日本の姿に，世界の目は釘付けとなった。
　　　半世紀ぶりに，あの感動が，再び，我が国にやってきます[1]。

坂井さんとは1964年東京オリンピックの時，最終聖火ランナーだった坂井義則さんのことである。2019年12月以降，中国中部の湖北省武漢市でウィルス性肺炎の患者が増えており，新型コロナウィルスが検出されたこと（『朝日新聞』2020年1月9日），国内感染者は1月17日に中国・武漢出身の男性（神奈川在住）が新型コロナウィルス感染であることが報じられ，国内で感染者が報告された（『朝日新聞』2020年1月17日）。だが，1月20日には感染の度合いがそこまでひどくなかった。オリンピック延期の決定はそのあとである。その中で，安倍前首相は五輪を控え，「国民」一丸になれとスピーチし，国を盛り上げようと訴えていたのである。この国民には日本に長いこと住んでいる在日韓国・朝鮮人他の外国人は含まれていない。日本人だけに訴える趣旨を持っていた。

　しかし，日本人を念頭にしたメッセージは日本に住む「国民」以外の人々＝外国籍の人びとに無関心であるだけでなく，不条理な苦痛を与えるのではないだろうか。

　延期された東京五輪の例を引いて，説明していこう。国家的イベントとして，ボランティアを活用して開催される東京五輪は，組織委員会と東京

都が各6,000億円，国が1,200億円の1兆3,850億円をつぎ込み，2020年に行われる予定であった（小笠原・山本［2019］10頁）。公式スポンサーとして，主要4大紙がついたため，五輪開催に反対することをマスメディアで表現することが極めて難しくなった。問題点が取り上げられたとしても，五輪を開催することの是非は棚上げされたまま，運営の問題として，論じられるだけとなった（小笠原・山本［2019］54-56頁）。そして，オリンピックは国歌斉唱，国旗掲揚の機会であり，スポーツ選手はメダル獲得競争に駆られる。実際，2020年2月，日本のオリンピック委員会（JOC）の委員長は，史上最高の金メダル30個獲得を目標とすると宣言した（『毎日新聞』2020年2月3日）。「参加することに意義がある」（小笠原・山本［2016］15頁）というもともとの五輪の意義は忘れられ，勝敗，メダル獲得が至上目的となっている。

　その過程で盛り上がる日本人のナショナルな感情の抑揚に対して，日本にいる外国人はどう感じるのだろうか。「ニッポン，ニッポン」の連呼は彼らに不条理な苦痛を与えないだろうか。確かに日本に住む外国人ならば，出身国を応援すればよい。日本で日本人が日本選手を応援することが，直ちに在住の外国人に対して，理不尽な苦痛を与えるとは言えない。しかし，第二次世界大戦において，「日の丸」，「君が代」は日本国家体制を支える役割を果たした。日本軍は占領した地で日の丸を挙げて，万歳をした（牧野［1978］31頁）。1943年10月神宮競技場にて行われた学徒出陣式で「君が代」が伴奏された後，東条英機首相の演説が行われ，天皇陛下万歳が3回斉唱された（Youtube［2007］）。侵略の対象となった中国，朝鮮，フィリピン，インドネシア，シンガポール等アジアの人々は殺害され，レイプされ，強制労働に駆り出されていった（内海［2002］）。

　五輪で日本選手が1位になれば，「君が代」が斉唱され「日の丸」が掲揚される。第二次世界大戦で侵略された国の出身者はその子孫を含め，その後，日本との関係の深さから，日本に多く残らざるをえないケースも多い。在日韓国・朝鮮人，台湾，フィリピンといった人々がそうである。中

国出身の人は日本人との結婚，技能実習生，留学などで過去20年の間に増えてきた。インドネシアの人々も近年技能実習生，留学生としてその数は増えている。こうして，日本で生活する外国人の多数にとって，日本人による日本人のための自画自賛的な五輪への声援は苦痛なのではなかろうか。

　平和学の創設者ヨハン・ガルトゥングによれば，戦争がなくても，貧困，飢餓，抑圧，疎外，差別などによる苦痛がある場合，構造的暴力があり，そうした暴力をなくす積極的平和の実現も平和研究の大切な目標であると述べている（ガルトゥング［1991］52，231頁）。日本人によるナショナリズムの高揚は，一定の外国人を構造的暴力のもとに追いやるのではないだろうか。

2　多文化社会の日本

1　在留外国人の数

　2019年12月末時点で在留外国人は293万3,137人となった。2012年以降7年連続で上昇し，過去最高となった（法務省［2019］）。在留外国人とは，在留3ヵ月以下の短期滞在者（観光客や親族訪問）は含まず，永住者，中長期在留者，留学生などを指す。日本に比較的長く暮らす外国籍者である。国籍は中国（約81万人），韓国（約45万人），ベトナム（約41万人），フィリピン（約28万人），ブラジル（約21万人），ネパール（約10万人），インドネシア（約7万人），台湾（約6万人），米国（約6万人），タイ（約5万人），その他（約42万人）となる。うち，多い在留資格三つをあげると，永住者（約79万人），技能実習（約41万人），留学（約35万人）である。近年では特に技能実習，留学が増えている。労働力が不足する産業で，大勢の技能実習生，留学生が働いているのである。

　一方，日本人と結婚し，日本人の配偶者等の資格を得て，その後，永住資格を申請し，認められた中国，フィリピンの女性，米国，タイ人の男性が多い。永住の条件は原則日本居住10年であるが，日本人と結婚している

場合，3年婚姻を続け，引き続き日本に1年以上居住していれば，永住許可を申請できる。定住資格を有する場合，5年日本に滞在すれば，永住許可を申請できる[2]。また，1990年の出入国管理法の改正で，定住資格をとれば，日系3世とその家族が職種の制限なく就労できるようになり，新たに来日した日系ブラジル人とその家族は定住資格をとった。さらにその後，5年以上日本に滞在し，永住資格を申請した。韓国，中国，米国などの特別永住者（約31万人），永住者とを合わせると，約120万人の「永住者」がいる。

2　ダブル

　1980年代から著しく増えた国際結婚に伴い，国際結婚の中で生まれる子ども，いわゆるハーフが増えた。日本では，日本人と非日本人（外国人）との間に生まれた子どもはハーフと呼ばれる。日本人の血が半分，外国人の血が半分入っているというのが語源である。よりポジティブな意味を込めて，ダブルと呼び，二つの文化を受け継ぐ二重性を強調した表現もある。英語ではミックスト・ルーツ（mixed roots［ルーツが混じっている］）という。現在はハーフ同士が結婚して，子どもがクオータ（4分の1）とよばれることもある。本文では文化的多様性を重んじ，ダブルと呼びたい[3]。

　ダブルの子は毎年約2万人生まれており，2017年では18,134人が生まれた。1995年から2017年の間に生まれたダブルは491,090人である。日本人父と外国人母の間に生まれた子は282,077人，日本人母と外国人父の間に生まれた子は209,013人である。一番多いのは日本人父とフィリピン人母との間の子で89,513人，次いで中国人母との間の子で79,718人，韓国人母との子が59,718人である。外国人の父親では韓国人父の子が64,954人，アメリカ人父の子が34,717人である。ミックスト・ルーツを持った子が50万人近く日本社会に存在している（厚生労働省［2017］）。ミックスト・ルーツの中から，日本人の伝統的イメージを突き破るスポーツ選手が出てきた。日本人のイメージといえば，肌色で平均的身長が男性171 cm，女性158

cm と，国際比較では「中背の東洋人」というものだ。ところが，父親が
アフリカやカリブ海諸国の出身で褐色の肌，日本人の平均的身長を越える
背の高さ（180 cm 以上）を備えたアスリートが出現してきた。

　ここで注意しておくことは，日本の国籍法によれば，日本国籍を取得し
たら，もとの国籍を放棄しなければいけないという点である。国籍の取得
といえば，①帰化，②海外で出生，③片親が外国籍，である場合がある。
ただし，第十六条に「選択の宣言をした日本国民は，外国の国籍の離脱に
努めなければならない」とされ，その放棄は努力目標に過ぎない。国際結
婚でミックスト・ルーツ（ダブル）の子どもが増え，海外生まれの日本人
も増加する中，1985年から2016年までに90万人が二重国籍だったと法務省
も認めている（AFP BB News［2018］）。一つの国籍を持つ人ばかりでなく
なった。

3　多文化社会の中で

1　オリンピックとダブル

　2021年 7 月，東京五輪が開催される予定である。「ニッポン，ニッポン」
という日本を応援する連呼の中で，国民の多くが国民意識を求められる可
能性がある。しかし，ダブルの若者たちのおかげで，伝統的日本人の固定
観念を破ったアスリートたちが活躍している。陸上短距離（100 m で日本
記録）のサニブラウン・アブデル・ハキム選手（21［2020年 8 月末現在，以
下同様］）はガーナ人の父親，日本人の母親を持ち，肌は褐色である。同
様に陸上短距離選手，リオデジャネイロ五輪で400 m リレーで銀メダルを
獲得したケンブリッジ飛鳥アントニオ（27）がいる。父はジャマイカ人，
母は日本人である。彼も肌が褐色である。テニスの大坂なおみ（23）は，
大阪でハイチ系アメリカ人の父親，日本人の母親から生まれ，2001年にア
メリカに移住した。2018年全米オープンで優勝，22歳を迎えた2019年に日
本国籍を選択した。ダブルの子は22歳までに国籍を選択する努力義務があ

るからである。同年には世界ランキング１位に輝き，2020年９月現在，ランキング３位である。もっぱら英語を話し，肌は褐色である。八村塁選手（22）は富山市で日本人母，西アフリカのベナン人父の間に生まれた。203cm の身長を生かし，中学，高校でバスケットボールに投じ，大学はアメリカのゴンザガ大学に入学した。2018年に日本代表チームで活躍，現在は北米のプロリーグであるナショナル・バスケットボール・アソシエーション（NBA）に所属する。彼も父親の血をひき，褐色の容姿である。日本人は「がんばれ，ニッポン」といっても，ニッポンだけでなく，ガーナ，ジャマイカ，ハイチ（アメリカ），ベナンの血が入っている選手を応援することになる。

　反対に，日本国籍を放棄し，カナダ代表として，五輪を目指す出口クリスタ選手（24）がいる。父がカナダ人，母が日本人だ。長野で生まれ，幼少から柔道に励んだ。大学３年の時，オリンピックに出場のため，日本の強化指定選手を辞退，カナダ国籍をとり，カナダ代表を目指した。その時を出口選手は振り返る。一緒に柔道をやってきた先輩や同級生，先生に聞いた。「勝率というか，オリンピックに出ることを考えたら，カナダが絶対いい」と答えが返ってきた。両親は「どっちでもいい。私たちは口出ししない」と言ったそうだ。

　カナダでは「負けても怒られない。次，頑張ろうって，超プラス思考なんです。それが私の性分にウマがあったというか」。2018年，アゼルバイジャンの世界選手権で，日本の芳田司選手に準決勝で敗れた時の意外な光景が，彼女の脳裏に色濃く残されている。芳田選手は高校時代のライバルだ。ガックリしながらコーチのもとへ行くと，満面の笑みだったという。「本当によく頑張った！」と。３位決定戦で銅メダルはとったが，「銅でもよかったんじゃない？」と思えてしまうのは，日本代表を目指していた時にはない感情だったという。

　2019年東京の世界選手権では日本代表芳田選手を破り，優勝した。出口選手は「思ったより声援が大きくて自分としてはありがたかった。力にな

りました」と，国籍に関係なく声援を送ってくれたファンに感謝した。次の目標は，カナダ代表としての東京オリンピックへの参加である（朴[2018]）。

　月井 隼 南選手（28）は父が日本人，母がフィリピン人である。父が青年海外協力隊隊員として，フィリピン・空手チームを指導していた際，母と知り合い，結婚した。月井選手はフィリピンのパサイ市で生まれ，7歳の時，家族で来日した。その時から，空手を習い，中学の時，全日本で優勝した。高校でも全国大会，インターハイ，新潟国体で優勝したが，ひざの怪我で空手をあきらめかけた。大学を卒業後，2017年の25歳の時，父の関係でフィリピン・カラテ・ナショナル・チームから招待され，その指導にあたった。同時に，母の母国，フィリピン代表として，訓練に励んだ。2017年に開催されたマレーシアの東南アジア競技大会（South East Asian [SEA] Games）で銅メダル，2018年インドネシアのアジア競技大会（Asian Games または Asiad）で銅メダルを獲得。2019年フィリピンの SEA Games で金メダルを獲得した。次の目標はフィリピン代表として，2020年東京五輪に出場することだった。

　彼女はフィリピンを選んでよかったという。「日本では勝っている自分を応援してくれる。しかし，フィリピンでは勝っていても，負けていても応援してくれる。勝たねばならないというしがらみがない」（NHK-BS1 [2019]）。

　出口選手について，「アスリートは国籍に対するこだわりよりも，1人のアスリートとして，世界の舞台で自分の実力を試したいという思いの方が，ずっと強いのかもしれない」と木下理仁氏（かながわ開発教育センター理事）はいう（木下［2019］32頁）。月井選手にしても同様だろう。

　他方，国による勝敗に対する感覚の違いも背景にあるようである。出口・月井選手によれば，日本は勝ち負けにこだわり，金メダルをとらないと負けのように扱われる。出口選手によれば，カナダでは金を獲得できなければ次の機会にとればいい，という「超プラス思考」がある。月井選手

によると，日本では，自分が勝っていれば応援してくれるが，フィリピンでは負けている自分に対しても暖かく応援してくれる。日本の場合，特に１位である金メダル獲得を重視する。それをとらなければ，つまり，負ければ，何の評価もしない。日本の勝負観はそういう傾向がある[4]。JOC の委員長が金メダル30個獲得を目標としたのもその流れで理解できよう。

　さて，ダブルの選手にも２種類あるようだ。サニブラウン，ケンブリッジ，大坂，八村選手のように日本国籍を使って，自分の実力を試すタイプ。そして，出口，月井選手のように，日本国籍を捨てて，自らの目標を達しようとするタイプ[5]。いずれも国籍を「文化資本」として，自らの国籍を資産として，選んでいく。学歴や文化的素養と同じように，個人的資産として，国籍を用いる。日本が多文化社会に進む中でダブルが選べる特権である。

2　スポーツ界の多文化化

　相撲界に目を転じると，横綱白鵬が2020年３月春場所（無観客開催）で幕内優勝した。元モンゴル籍で2019年日本国籍を取得したばかりだった。白鵬関に関しては張り手，勝ちあげが過度であり，フェアな取り組みを望む声も上がっているが，44回の幕内優勝は歴代横綱１位である。さらに，春場所の優勝は十両，幕下，三段目の下の階級・序二段で出羽ノ龍がモンゴル出身，三賞力士の技能賞に輝いたのが優勝を逃したブルガリア出身の碧山である。幕内を含む六つの階級のうち，２階級が外国もしくは元外国出身の力士であり，技能賞も外国出身であった（日本相撲協会［2020］）。過去の幕内優勝力士を見ても，ここ20年あまり，外国人力士がほとんど（モンゴル，ブルガリア等）で，彼らが日本の伝統的格闘技とされる大相撲を過去20年間支えてきた。

　日本のスポーツを実は外国人が支えるというパターンは，戦後のプロレスも同じであった。立役者は朝鮮人の両親のもとに朝鮮半島で生まれた力道山である。力道山といえば，大相撲から転身して，戦後の日本で，アメ

リカの選手をカラテ・チョップで打ち負かすという設定で，街頭テレビの人気者だった。1963年にナイフで刺され死亡したが，戦後復興において，日本人を熱狂させた英雄は北朝鮮生まれだった（大下［2005］18頁）。

プロ野球でも，金田正一（在日韓国人，日本人に帰化）[6]，王貞治（父が台湾籍，母が日本籍。1985年の国籍法改正まで，父が外国籍ならば，子どもはその国籍をとった。現在も中華民国籍），張本勲（在日韓国人2世）といった往年の名選手も非日本人である。1960年代から70年代，プロ野球の歴史を飾った名選手は外国籍が目に付く。

こう見ると，日本の多文化化はすでに戦後日本のプロ・スポーツ界において始まっていた[7]。日本が戦前，朝鮮半島や台湾を植民地化し，土地調査事業と称して土地所有権の確定作業を進め，広大な土地を国有地として没収し，日本人の官僚や企業家に払い下げた。土地を失い，生活の拠点を失った人々は日本へ移住してきた。その点を踏まえれば，プロレスで名声を得た力道山，大木金太郎（出身韓国）の存在は納得がいくだろう。プロ野球でもスター選手に多くの在日朝鮮・韓国人，台湾人が存在したのも，納得がいく。現在は多文化の幅が大きくなっており，相撲界におけるモンゴル，東欧，そして陸上競技，テニス，バスケットボールにおけるアフリカ系，アメリカ系，ジャマイカ系，ハイチ系などいろいろある。日本が豊かになった時代に国際結婚が増えて，ミックスト・ルーツの子が多く生まれたという時代背景がある。また，大相撲の場合，ゆとり教育を受けた日本の若者に代わって，ジャパニーズ・ドリームは世界の若者をひきつけた。日本人の入門者が減り続ける中，レスリングや柔道など格闘技のさかんなモンゴル，旧ソ連諸国から若者が海を渡ってやってきた（金子［2018］）。

3　ヘイト・スピーチ

最後に，多文化時代になっても引き続くヘイト・スピーチに触れておきたい。その理由は，スポーツ界における多文化化に対して，日本人至上主義の立場から，多文化を否定する流れがあるからである。例えば，2019年

に，前述の大坂なおみ選手のことを，日本のお笑い芸人Aマッソがライブの笑いのネタとして使った。大坂選手に必要なものを薬局にあるもので答えろというネタで，「漂白剤，あの人日焼けしすぎ」と答えたという。この出来事は大坂選手が全米オープンで優勝した後に，起こったため，芸人による人種差別発言は海外でも取り上げられ，その後，当該芸人は謝罪した[8]。

　このように，日本における人種をめぐる固定観念は根深い。そこで，ヘイト・スピーチ対策を見てみたい。

　まず，ヘイト・スピーチとは人種，出身国，民族，宗教，性的指向，性別，容姿，健康（障がい）といった，自分から主体的に変えることが困難な事柄に基づいて，属する個人または集団に対して攻撃，脅迫，侮辱する発言や言動のことである（金［2017a］227頁；奈須［2019］vii頁）。特に，民族，出身国など民族的属性に基づき，侮辱，脅迫を加える行為が特に韓国，「朝鮮[9]」，中国，フィリピンなどアジア系出身者に対して行われる。すなわち，ヘイト・スピーチとは，「非日本人」に向けて投げつけられる差別的言動である。具体的には2009年「在日特権を許さない市民の会」（以下，「在特会[10]」）という特定の団体等が朝鮮学校にいいがかりをつけるため，拡声器をもって押しかけた（金［2017］2‐3頁；奈須［2019］412-413頁）。中国人観光客の「爆買い」がマスコミで注目された2010年頃から，中国人に電化製品を売るのはけしからんといって，東京・秋葉原の電気店に抗議に出向いた（すいづ［2010］）。2009年，フィリピン籍のカルデロン・ノリコさんが超過滞在の親ともども日本から強制退去されようとしていた時，ノリコさんが通っていた中学校に「在特会」などの団体が「カルデロン一家を日本から叩き出せ！」と拡声器で叫んだ[11]。

　訴える側は「××人は死ね！」「外国人だから出ていけ！」「××人はゴキブリ！」「××人はスパイの子！」と叫び，人を虫にたとえたり，根拠のないことをいって相手を中傷していく。当該の人はいわれのない被差別観，精神的苦痛を覚える。これも一つの構造的差別といえよう。あるいは

人種差別，極端な民族主義（Racism, Extreme nationalism, Ultranationalism）とも呼べよう。多くのユダヤ人を虐殺したドイツのネオナチの主張とも似ている。ドイツ，オーストラリアでは人種差別的言質として，法律で禁止されている[12]。

　対して日本では，2016年に「本邦外出身者に対する不当な差別的言動の解消に向けた取組の推進に関する法律」（略称「ヘイトスピーチ解消法」）が成立した。法はヘイトスピーチについて，「在日外国人や子孫らに対する差別を助長，誘発する目的で，生命や身体に危害を加えると告知するか侮辱するなど，地域からの排除を扇動する差別的言動」と定義した。そして，国や自治体に対し，相談体制の整備や人権教育の充実などを求めた。しかし，罰則は定めていなかった（『朝日新聞』2016年5月13日）。

　国の対策法制定を受けて，2016年，大阪府大阪市が「大阪市ヘイトスピーチへの対処に関する条例」（通称「ヘイトスピーチ抑止条例」）を制定，弁護士らによる5人の審査会が認定すれば，ネット上の動画や写真の場合，市がネット業者に削除を求められ，ヘイトスピーチをした氏名や団体名の公表もできる（『朝日新聞』2016年7月2日）。ただし，これも罰則はなかった。しかし，この条例により，2017年3月に3件が認定され（『朝日新聞』2017年3月11日），2019年12月には，ヘイトスピーチと認定された2件について，市は発信者の氏名を公表した。これは全国初のことである（『朝日新聞』2019年12月28日）。さらに2020年1月には，条例が憲法が保障する表現の自由に反するとして，大阪市内の住民8人が松井一郎市長に対して，ヘイトスピーチを認定する審査会委員の報酬など約115万円の支払いを吉村洋文前市長に請求するように求めた住民訴訟で，大阪地裁は条例は合憲と判断し，請求を棄却した。ヘイトスピーチ規制の是非をめぐる初めての司法判断であった。条例は表現の自由を制限するが，大阪では2012年4月〜2015年9月に全国の14％にあたる164件ものヘイトスピーチが行われており，条例による規制の必要性は高かったという。全国でも大阪府が在日韓国・朝鮮人の数で最大という事情と重なる。原告側は控訴する方針を示

した¹³（『朝日新聞』2020年 1 月18日）。

　他方，オリンピック・パラリンピック開催を控えて2018年東京都都議会本会議で，「オリンピック憲章にうたわれる人権尊重の理念の実現を目指す条例」が成立した。ヘイトスピーチについては集会などで差別的言動があったと知事が認めた場合，活動概要や団体名，個人名の公表，ネット上の動画などの削除要請ができる。ヘイトスピーチに該当するかを判断する際は学識経験者でつくる審査会の意見を聞くという（『産経新聞』2018年10月 5 日；『朝日新聞』2018年10月 6 日）。

　そして，2019年神奈川県川崎市が「差別のない人権尊重のまちづくり条例」を制定した。対象行為をした団体が再び同様の行為をしようとした場合，市長は勧告する。勧告に違反した団体が再び行為をしそうになった時，しないように命令をする。そして命令に違反すると，市長は氏名などを公表し，捜査当局に告発する。起訴されて裁判で有罪になった場合，最高50万円の罰金が科される。市長は勧告，命令，告発の各段階で有識者からつくる審査会に意見を聴く。在日コリアンが集住する地域にヘイトデモが繰り返される現状に市が抑止力のある条例を整備したかったという（『朝日新聞』2019年12月12日）。

　条例は2020年 7 月に施行されたが，施行後，JR 川崎駅前で行われた日本第一党（在特会の前代表がつくった政治政党。2016年結成）の演説会では，「条例は日本人差別だ」「生活保護でも日本人が後回しになっている」などと訴えた。市は刑事罰適用に慎重であり，その点，市民団体は危機感を持つ。一方，日本第一党関係者はこう述べた。「不法滞在者は出ていけ，不法占拠者は立ち退けといっても，（条例違反で）やられることはない。次はもう少しエスカレートさせる」と。在日コリアン 3 世で，インターネット上での誹謗中傷を受けてきた崔江以子（チェ・カンイジャ）さんは「演説する人たちが言葉を選んでいたのは条例の抑止効果だと思う。条例は始まったばかり。市には毅然としたメッセージを出して欲しい」（『朝日新聞』2020年 7 月 2 日）と，市の厳格な対応を求めている。ヘイトスピーチを罰

則で禁止する条例が定められたのである。

　この他，香川県観音寺市が2017年，公園条例を改正しヘイトスピーチの禁止条項を盛り込んだ。違反した場合，行政罰として５万円以下の過料を科す。2018年には東京都国立市や世田谷区も罰則はないものの，国の法にはない差別禁止の文言を盛り込んだ条例をつくった（『朝日新聞』2020年６月25日：2018年３月３日）。このように，ヘイトスピーチに対する規制が加速している。

　しかし，過去の1991年のマリクリス・シオソン事件[14]，1997年のエル・クラノ事件[15]など，差別・偏見が人の命を奪った，あるいは奪った過程を覆い隠した事例がある。そうならないように，差別・偏見の根を摘む動きとして，これらの法や条例制定をとらえたい。憲法に保障された多数派日本人の表現の自由を制限して，民族的少数者の人権を守るという法令，条例の重さを明記したい。構造的暴力を支える差別・偏見はなくさねばならない。

　　む　す　び

　以上，多文化社会の中で五輪とダブルの動き，スポーツ界の多文化化，そして引き続くヘイトスピーチに触れた。確かに，法律や条令によって差別の目を摘もうという点は評価できる。しかし，日本のレイシズムの根本は国民至上主義である。例えば，2020年７月の東京都知事選にも候補者を出し，17万票を獲得した「日本第一党」を見てみよう。その綱領をみると，第一項で「世界に比類なき万世一系の天皇を戴いた民族国家日本の国体を護ります」第三項「……我が国の伝統，歴史，文化を守るため，時として外敵と戦うことを辞さない覚悟を持ちます」第五項「歪な外国人の社会福祉行政を廃止し，日本人のための社会福祉を図ります」とある[16]。天皇制の維持，文化を守るため「外敵」と戦う，外国人の生活保護を廃止するというのである。確かに「日本第一」であるが，日本に住まう外国人を敵とみなし，日本人第一主義に陥っている。また，党代表，党幹部の多くがヘ

イトスピーチ対策法・条例の原因となったヘイトスピーチを繰り返した在特会のメンバーである。

　しかし，その正統性が依拠する国民，国籍というものが，二重国籍のように，あいまいであること，あるいは一群の「ダブル」のように，個人が国籍を捨てられるものであることを見てきた。つまり，自分の目標達成のために，国籍が絶対的価値をもたないこともある。他の国籍の方が価値がある場合もある。我々は多文化社会の現状を踏まえて，国民，国籍を振り返る必要があるのではないだろうか。

【付記】NHK-BS1のビデオのコピーをくださった静岡県立大学の高畑幸先生に感謝申し上げます。

注
1　首相官邸HP　「令和2年1月20日　第201回国会における安倍内閣総理大臣施政方針演説」（https://www.kantei.go.jp/jp/98_abe/statement/2020/0120shiseihoushin.html：2020年8月12日アクセス）。
2　「法務省　永住許可に関するガイドライン」（令和元年改正）http://www.moj.go.jp/nyuukokukanri/kouhou/nyukan_nyukan50.html：2020年8月14日アクセス）。
3　ハーフ，ダブルについて佐竹・金［2018］所収の李原翔，ダアノイ，津田，李善姫の諸論文を参考にされたい。
4　1964年の東京五輪でマラソン3位入賞した円谷幸吉氏は1968年1月自殺した。メキシコ五輪の年である。「疲れ切ってもう走れません」という両親に宛てた遺書が金メダルの重圧を物語る。『『疲れ切って走れません』東京五輪後自殺した円谷幸吉の人生』『週刊朝日』2013年9月21日号（https://dot.asahi.com/wa/2013091900031.html？：2020年6月22日アクセス）。
5　ピエール・ブルデュー（Pierre Boudieu）の概念。金銭によるもの以外，学歴や文化的素養といった個人的素養を指す。社会階層間の流動性分析，移民のアイデンティティなどで用いられている。言語を文化的資本として，移民論を展開したのが宮島喬（宮島［2017］）である。
6　金田選手は公言していないが（金田［1965］；［1970］），9人兄弟の大

所帯で貧しい家庭で育った。国鉄（当時）から巨人に移籍する1960年に日本人に帰化したという（https://www.digitalsojourn.org/kanedamasaichi-zainichi/：2020年2月6日アクセス）。

7　ほかの分野，芸能界などにも在日朝鮮・韓国人，台湾人などの活躍がみられる。

8　'TENNIS/ Duo apologizes after saying Osaka "needs bleach"', *Asahi Simbun*, September 25, 2019（http://www.asahi.com/ajw/articles/AJ201909250053.html：2020年8月26日アクセス）。

9　日本の出入国管理及び難民認定法では朝鮮半島出身者は大韓民国国籍を持つ韓国，韓国国籍を有さない「朝鮮」と分類される。

10　2006年結成。在日韓国・朝鮮人は日本で特権を有するという見方に基づく。「在日特権」とは在日韓国・朝鮮人がもつ「特別永住権」を中心にしたもので，他の永住者（一般永住者）とは異なった社会的処遇を得ているという。在日朝鮮・韓国人に対して，地方税が減免されていた地域もあったが，2006年までに是正された（『中日新聞』2007年11月13日）。同措置は1960〜1970年代に始まったが，その時代，在日韓国・朝鮮人は国民健康保険，国民年金，児童手当の受給資格がなく，公営の住宅にも入れず，公共の福祉の対象外であった（1979，1982年に改定）（田中［2013］169頁）。この措置は自治体が「半額でも徴収したい」として始めた制度だと思われる。

11　『日刊ベリタ』2009年4月12日（http://www.nikkanberita.com/read.cgi?id=200904120944090：2020年5月25日アクセス）。

12　1975年，オーストラリアでは「人種差別禁止法」が制定され，人種，肌の色，国籍，民族起源に基づく多文化差別を禁止した。ドイツでは2011年刑法130条が改正され，「1　国籍，民族，宗教若しくはその民族性によって特定される集団，住民の一部……（略）……に属することを理由に個人に対して，憎悪をかき立て若しくはこれに対して暴力的若しくは恣意的な措置を求めた者，2　上記に示した集団，住民の一部若しくは上記に示した集団に属することを理由として個人を冒涜し，悪意で侮蔑し若しくは中傷することにより，他の者の人間の尊厳を害した者は，3月以上5年以下の自由刑に処する」とした（金［2017b］）。

13　朝日新聞社に照会したところ，原告が大阪高裁へ控訴し，9月1日控訴審が開かれる予定とのこと。朝日新聞大阪本社　お客様オフィス回答（2020年8月31日）。

14　1991年，福島県のクラブで働いていたフィリピン人マリクリス・シオ

ソン（22）さんが病院で亡くなった。日本の病院は肝炎でなくなったと主張。遺体が本国に送られ，検死によると，肝炎は初期段階に過ぎず，鈍器で頭を殴られた陥没があり，直接の死因だという（佐竹・ダアノイ[2006] 20-22頁）。

15 1997年10月。ブラジル人エル・クラノさんが日本の若者らにより，リンチによって殺された事件。普通の事件だとして，ブラジル大使館が事件の捜査を迫ってくるまで，地元警察は積極的に捜査をしなかった。エル・クラノさんの父は「もし日本人の少年がこのようにして殺されていたら，警察は同じように黙っていますか」と語る（西野[1999] 75頁）。

16 「日本第一党綱領」（https://japan-first.net/platform/ ：2020年8月27日アクセス）。

参 考 文 献

内海愛子[2002]，『戦後補償から考える日本とアジア』山川出版社。

大下英治[2004]，『力道山の真実』祥伝社。

小笠原博毅・山本敦久[2016]，『反東京オリンピック宣言』航思社。

小笠原博毅・山本敦久[2019]，『やっぱりいらない東京オリンピック』岩波書店。

金子英介[2018]，「相撲から SUMO へ 国技支えた外国人 平成の30年——異文化と格闘 伝統の意義探る」（https://www.nikkei.com/article/DGXMZO36174690V01C18A0TM1000/ ：2020年2月6日アクセス）。

金田正一[1965]，『やったるで！』報知新聞社。

———[1970]，『やったるで！20年——さよならギッチョ』報知新聞社。

ガルトゥング，ヨハン著，高柳先男，塩屋保，酒井由美子訳[1991]，『構造的暴力と平和』中央大学出版部。

木下理仁[2019]，『国籍の？（ハテナ）がわかる本——日本人ってだれのこと？ 外国人ってだれのこと？』太郎次郎社エディタス。

金尚均[2017a]，『差別表現の法的規制——排除社会へのプレリュードとしてのヘイト・スピーチ』法律文化社。

金尚均[2017b]，「ドイツにおけるヘイトスピーチ対策」『国際人権ひろば』135号（https://www.hurights.or.jp/archives/newsletter/section4/2017/09/post-29.html ：2020年8月26日アクセス）。

厚生労働省[2017]，統計「父母の国籍別にみた年次別出生数及び百分率」（https://www.e-stat.go.jp/stat-search/database?page=1&layout=dataset&kana=46&statdisp_id=0003214689 ：2020年2月5日アクセス）。

佐竹眞明, ダアノイ, メアリー・アンジェリン [2006], 『フィリピン─日本国際結婚──移住と多文化共生』めこん。

佐竹眞明, 金愛慶 [2017], 『国際結婚と多文化共生──多文化家族の支援にむけて』明石書店。

すいづたくみ [2010], 「秋葉原で開催された排外主義者たちのデモ『尖閣諸島と秋葉原をシナから守れ！デモ行進』と周辺行動を撮影してきた」(https://rhythmsift.hatenablog.com/entry/20101018/p1：2020年2月20日アクセス)。

田中宏 [2013], 『在日外国人（第三版）──法の壁, 心の溝』岩波書店。

奈須祐治 [2019], 『ヘイト・スピーチ法の比較研究』信山社。

西野瑠美子 [1999], 『エルクラノはなぜ殺されたのか──日系ブラジル人少年・集団リンチ殺人事件』明石書店。

日本相撲協会 [2020], 「令和2年春場所」(http://www.sumo.or.jp/ResultData/champions/：2020年3月25日アクセス)。

朴鐘泰 [2018], 「出口クリスタは東京五輪に出たい。カナダ柔道に出会い新境地を開拓」Number Web (https://number.bunshun.jp/articles/-/832603：2020年2月5日アクセス)。

法務省 [2019], 「令和元年12月末現在における在留外国人数について」(http://www.moj.go.jp/nyuukokukanri/kouhou/nyuukokukanri04_00003.html：2020年5月19日アクセス)。

牧野規久男 [1978], 『一億人の昭和史　日本の戦史⑧太平洋戦争2』毎日新聞社。

宮島喬 [2003], 「言語資本とマイノリティ──母語という資本をどう捉えるか」宮島喬, 石井洋二郎編『文化の権力──反射するブルデュー』藤原書店, 21-42頁。

Youtube [2007], 『学徒出陣』昭和18年 文部省映画 (2-2) (https://www.youtube.com/watch?v=zegiRxlZDnU：2020年8月27日アクセス)。

AFP BB News [2018], 「二重国籍禁止は違憲, 在外日本人らが提訴『時代にそぐわず』」(https://www.afpbb.com/articles/-/3203863：2020年2月5日アクセス)。

NHK-BS1 [2019], 「世界はTokyoをめざす──祖国日本と闘うフィリピン女子空手」2019年9月1日放映（ビデオ）。

［名古屋学院大学＝多文化共生社会論］

3　国民国家への回帰現象について考える

「脱国民国家化」から「再国民化」へ

畑山　敏夫

は じ め に

　グローバル化が本格的に進展するなかで，日本でも「ボーダレス」とい
う言葉が流行り，モノ，ヒト，カネ，情報，文化などの国境を越えた自由
な流通がポジティブな現象として語られることも多かった。だが，近年で
はアメリカによる自国の貿易や産業への保護指向や移民・難民に国境を閉
ざす先進国の傾向など，グローバリズムに逆行した動きが顕著である。最
近では，新型コロナウィルスの感染拡大を受けて「欧州連合（EU）」が入
域規制に踏み切り，アメリカやアフリカ諸国にも同様の動きは広がってい
る。コロナウイルスの侵入に怯えて国境を閉ざし，世界同時「鎖国」に突
入した感がある。

　同時に，国民国家の役割を再評価する傾向が顕在化し，国民国家に国益
や国民生活の防衛を期待する声は高まっている。

　本稿では，フランスを中心に，国民国家を超える平和の創造と国民生活
の向上を掲げた欧州統合を批判し，国民国家への回帰を求める言説と運動
を分析・考察する。それと同時に，国民国家への回帰という処方箋が国民
の生活と平和を守ることに有効であるのかについても考えてみたい。

1 ポスト国民国家の時代へ——グローバル化への処方箋として

1 国民国家を超える実験という「希望」

西欧では，市民革命を通じて国民国家が建設されてきた。封建的諸領邦の割拠状態が統合され，国民国家の領土が確定された。そして，固有の言語，伝統，文化，アイデンティティから軍事組織，法制度，統治機構などを備えた国民国家が創出された。国民国家の権力は「人民による統治」ではないにしても，「人民のため」という名目で正統化された。つまり，「国家益」と「国民益」が「国益」として一体化され，国民の名において国家の利益が追求された。

その結果，ナショナリズムと愛国主義の思想と感情が国民に浸透し，国際政治の場で「国益」の衝突が起きると，国民は「国益」を守るために国家によって容易に動員された。「国益」の衝突の行きつく先が戦争であるが，そのなかで膨大な国民の生命が失われてきた。

国家に「国民益」を委ねた時代の究極の結果が，ヒトラー政権の支配と暴走であった。国家の栄光や威信という国民感情とともに，公共事業と徴兵による雇用創出，東方植民地の獲得，政府主導による国内外への旅行や娯楽の提供などの現実的恩恵によって，国民の間では，ナチス国家への満足と支持が広がっていった。だが，その行き着く果ては過酷な戦争と国土の焦土化，膨大な人命の消失であった（ベッセル［2015]）。

さすがに，国家による「国益」の追求では国民の生活と平和は守れないことを多くの人々が痛感し，その反省から，国際的には「国益」の対立を平和的に調整・解決し，国内的には，経済発展によって「国民益」を実現することが支配的になった。それは，安全保障の重点を軍事的安全保障から人間の生活保障へと転換した A・セン（Amartya Sen）の提起する「人間の安全保障」に対応する発想であった。[1]

その典型がヨーロッパであった。戦後のヨーロッパでは統合の推進によ

り平和を確保すると同時に，国家によって国民の生活と労働条件の向上が取り組まれてきた。経済成長を背景に，国家や自治体による再配分政策が実施され，北欧諸国を典型に，福祉領域ではコンセンサス・ポリティクスが成立した。政権の政治的立場は違っても高度な福祉システムが築かれ，教育や医療，高齢者や障碍者への福祉，住宅福祉，労働時間の短縮，有給休暇制度の充実，労働者の権利保護と，多方面にわたって国民の生活や労働の条件は大きく改善された。

1973年の石油危機までは，国家間の大きな武力紛争が回避され，国民の生活と雇用も改善された幸福な時期であった。それは，国家が国民の平和と生活を守ることが自明視された時代であったが，経済成長の終焉とともに，そのような幸せな時代は転換期を迎えた。市場と競争を重視する新自由主義が支配的トレンドとなり，国家の役割は縮減されていった。時代は，グローバル化と「脱国民国家」へと向かい始める。

2　グローバル化と欧州統合の時代へ

1980年代に本格化するグローバル化とともに，脱国民国家化の流れも本格化する。欧州では国民国家を超えた統合の「実験」が本格化する。「国益」の追求とナショナリズムによる国家の暴走が悲惨な戦争をもたらした経験から，欧州統合は国民国家と戦争の時代の清算をめざす「平和のプロジェクト」であり，ポスト国民国家の時代を切り開くプロジェクトでもあった（西川［1995］31-32頁[2]）。また，米日とのグローバル競争に対して，共通関税と共同市場の創出によって対抗するプロジェクトでもあった（熊谷［2020］65-67頁）。

石油危機を契機に高度経済成長に対応した「大きな政府」の路線が行き詰ると，市場を重視する発想が強くなり，国家を超えた市場統合がマスコミでもてはやされた。国際的にも，国境を超えたグローバルな経済・金融活動こそが各国での雇用や所得を向上させ，途上国でも貧困状態を改善するなど，人類の繁栄と幸福につながるという認識が広がった（藤井［2016］

16-17頁)[3]。

　フランスでは，1981年に成立したミッテラン政権は国内改革の行き詰まりから，欧州統合に活路を求めることになった。域内におけるヒトの自由移動や労働者の権利の手厚い保護，域内市場での競争や流通の自由化による消費者への恩恵など，欧州統合は「国民益」に合致したものであり，フランスの国威と国際的地位も向上させるプロジェクトとして期待された（Drake［2010］pp.192-193）。

　左翼政権が欧州統合を重視することで，脱国民国家化に「国益」と「国民益」の実現を求めるコンセンサスが政党を超えて確立されることになった。そして，国民の多くも超国家的処方箋を支持した。1970－1980年代には，欧州統合のプロジェクトは国民の支持を動員することに成功していた（田中［2005］79-81頁）。

　フランス国民は経済統合による恩恵を感じていたし，平等と連帯を重視する「フランス的社会モデル」のヨーロッパ版である「社会的ヨーロッパ」を築くことで，人権や福祉，環境などの面で生活が向上することを期待していた。国民からの期待と承認によって，欧州統合のプロセスは順調に進むかと思われた。だが，新世紀に入ると，「希望のプロジェクト」に暗雲が立ち込めることになった。

2　国民国家を超える実験の果てに

1　国家を超える実験の何が批判されているのか？

　フランスでは，欧州統合という「実験」の何が批判されているのか。その論点をいくつか紹介しておこう。第一に，超国家的統合体に国民主権と民主主義が侵害されているという非難である[4]。欧州統合はテクノクラートたちによる国民主権と民主主義の絆の切断であると同時に，民主主義と市民権が国民共同体の境界を超えることはできない以上，それは「フランス共和政モデル」への挑戦でもある（Harmsen［2010］pp.17-18）。

第二は，EUの「新自由主義への傾斜」に対する厳しい批判である[5]。フランスでは，欧州統合が社会的連帯の伝統に基づく「社会的ヨーロッパ」の路線にそって推進されることが期待されたが，そこから逸脱して市場と競争を重視する新自由主義に傾斜する統合の現実に激しい批判が投げかけられている[6]。

第三は，EUの財政・金融政策によってフランスの経済社会問題が深刻化していることである。

EU全域でモノやサービスの移動が自由化されることで価格が低下し，消費者の選択の幅が広がり，EUの規制によって消費者が保護されることで加盟国の市民に多くの恩恵がもたらされてきたことは否めない。だが，2000年代には統合のマイナス面も目立ち始めた[7]。

単一通貨ユーロの導入によって，各加盟国では金利の自由な決定が不可能になり，財政赤字の基準を達成するために社会保障や公共サービスなどの予算削減を伴う緊縮財政を余儀なくされ，統合のコストが意識されるようになった（庄司［2007］iii頁）。つまり，各国独自の財政・金融政策が不可能になり，経済や雇用に悪影響がもたらされていることが非難されている（Heine［2009］pp.30-37）。

欧州統合という脱国民国家のプロジェクトが当初の輝きを失い，統合のコストが意識されたとき，市民のなかには不安と失望が広がっていった。

2　「希望のプロジェクト」への懐疑——国民の失望と不満

1999年のユーロ導入は加盟各国に緊縮財政を余儀なくさせ，2004年と2007年の東方拡大が域内における経済格差を実感させたように，欧州統合は多くのコストを孕んでいることが明らかになった（庄司［2007］ii-iii頁）[8]。

2000年代に入ると，EUへの幻滅が広がり，加盟国市民の中でも欧州統合への支持は急速に後退していった（ギデンズ［2015］3-5頁）。その時期

表1　EUとグローバル化（%）

問：EUはグローバル化のネガティブな影響からフランスを保護しているか？

	保護している	保護していない	わからない（%）
全体（100%）	40	54	6
性別			
男性	42	55	3
女性	38	54	8
年齢			
18-24歳	41	59	0
25-34	40	58	2
35-49	40	58	2
50-64	41	52	7
65歳以上	38	47	15
家計を支える者の職業			
商業,手工業,製造業	42	56	2
幹部,知的職業	47	51	2
対人サービス業	45	53	3
事務職	40	56	2
労働者	35	62	5
無職・退職	39	50	10
回答者の雇用状況			
自営	33	65	2
被用者左翼	41	57	2
公的部門	42	55	3
民間部門	40	58	2
失業	40	55	5
無職	40	50	10
政治傾向			
左翼	44	52	4
共産党	35	56	9
社会党	48	48	4
エコロジスト	42	54	4
右翼	40	55	5
UDF	42	54	5
RPR	45	50	5
DL	33	62	5
FN	30	70	0
支持なし	29	59	12

（注）SOFRES調査（2001年7月12・13日の『ルモンド』紙に掲載）
（出典）Spitz［2002］p.125.

には，グローバル化による失業や非正規雇用化，産業空洞化などのネガティブな影響が顕在化するが，グローバル化に対して EU が加盟国の経済や生活を「保護していない」という不信と不満が募っていった。表1から，「EU はグローバル化のネガティブな影響からフランスを保護していない」という回答が，性別，年齢，職業，政党支持を超えて広がっていることが分かる。EU はグローバル化の弊害からヨーロッパを守っていないと感じ，EU が望ましい方向から逸脱しつつあることへの不安が広がっていた（Schemeil［2010］pp.57-58）。

　欧州統合が深化と拡大に向かったとき，ブリュッセルにある EU 本部を牛耳るユーロクラット主導の統合に対する逡巡と不安，反発と不満が表面化する。グローバル化に対して超国家的統合によって対抗するという処方箋の有効性への懐疑が高まり，統合へのフランス国民のコンセンサスは大きく揺らぎ始めた[9]。

　EU 統合という国家主権の制約によって，国益を超えて平和と繁栄を実現することを追求してきた「実験」は，期待に反してグローバル化の荒波から国民を守ることができず，逆に，市民の雇用や生活を脅かす存在となっている（遠藤［2017］120頁）。そのような状況のなかで，安全保障だけでなく生活と経済の改善を求めて国民国家への回帰現象が広がりを見せはじめる[10]。

3　国民国家への回帰という処方箋

1　欧州統合と国民の分断化

　国家を超える統合への失望と不満は，国民国家の復権への期待を高めた。立場の違いはあるが，「再国家化」と「再国民化」を求める声は大きくなっている。文化・伝統や国民的アイデンティティを共有する「同質的国民」を再建し（「再国民化」），主権を回復して強力な国家を復活させることで（＝再国家化），国民共同体の利益とアイデンティティを防衛するという

表2　近代化の敗者と勝者

	近代化の敗者	近代化の勝者
マリーヌ・ルペンに投票	25％	7％
2012年大統領選挙第1回投票で棄権	32％	13％
「フランスには移民が多すぎる」（肯定の回答）	57％	31％
フランスの企業と社会のモデルに脅威を与えるのでグローバル化は危険	74％	46％
「保護主義」はポジティブな言葉	64％	49％
「EUへの加入」はフランスにとっていいこと	32％	64％

（注）2012年大統領選挙後の Cevipof 調査
（出典）Perrineau［2014］p.112.

要求が高まっている（石田［2016］42-43頁）。

　フランスでは左翼と保守の伝統的な対立軸ではなく，グローバリズムに開放的姿勢をとるリベラル派と閉鎖的姿勢をとる反リベラル派という新しい対立軸が浮上していることが指摘されている（吉田［2017］66頁）。

　そのことは，表2からも確認できる。フランス世論のなかに広がっているグローバル化に対する不安とネガティブな感情には，フランス社会の分断が反映されている。グローバル化による経済の自由化や競争の激化に適応することで利益を享受している人々（「近代化の勝者」）と不利益を被っている人々（「近代化の敗者」）に国民を分けた場合，「近代化の敗者」では，「移民が多すぎる」（57％），「企業と社会モデルに脅威を与える」（74％）と，グローバル化の現実に対する否定的評価が顕著である。また，EU 加盟についても肯定的回答は少なく（32％），「保護主義」への支持も高い（64％）。ただ，「近代化の勝者」でもグローバル化を「脅威」と捉え，「保護主義」を求める意見が少なくないことは注目される。

　社会のなかに格差と貧困が広まり，近年ではフランスだけでなく，ほぼ全ての先進国で経済成長の果実が上位1％の所得を得る人々に集中している（ギデンズ［2015］94-95頁）。

また，「豊かな都会」と「豊かさから取り残された地方」といった地域間格差の拡大を放置し，ヨーロッパへの難民の大量流入に対して迅速で有効な方針が打ち出せないなど，EU の「無策と無能」への怒りや不満は高まっている。

　そのような状況を背景に，既成政党内の反統合派や左右のポピュリズム政党による「欧州懐疑主義（euro-sceptisme）」の主張が勢いを増し（畑山[2004]），欧州統合を牽引してきた左右の既成政党は苦戦している。

　反グローバル化・反 EU がナショナリズムと結びつき，国民国家の復権と独立性の回復を主張し，排外主義と「自国民優先」を扇動する言説と運動が勢いを増している。フランスでは，右翼ポピュリズム政党「国民戦線（FN）—2018年に「国民連合」（RN）に改称」がグローバル化と欧州統合への批判を強めている。

　2001年に発刊された『フランスの未来のために――国民戦線の政権プログラム（Pour un avenir français.Le programme de gouvernement du Front national)』において，FN は国民国家が危機に瀕しているという現状認識から出発して，その原因がグローバル化にあると断定している。コスモポリタンなビジョンを原動力としたグローバル化が国境や国家主権，国民の文化や伝統，家族，国民的アイデンティティなどを破壊し，フランスを消滅の危機に追いやっているからである（畑山[2004]96-97頁）。

2　グローバル化と欧州統合による国民生活の破壊に抗して
――右翼ポピュリズム政党の異議申し立て

　右翼ポピュリズム政党は，グローバリズムと欧州統合に対してどのような批判を展開しているのか。ここでは，国民戦線党首であるマリーヌ・ルペン（Marine Le Pen）の反グローバリズム・反 EU の言説を概観しておこう（前党首ジャン＝マリー・ルペン〔Jean-Marie Le Pen〕と区別するため，以降はマリーヌ・ルペンと表記）。

　マリーヌ・ルペンは，第一に，EU が新自由主義に屈服していること，

その結果，国民の生活と雇用が破壊されていることを糾弾している。

　1980年代以降，EU が「変質」し，新自由主義が EU を支配し，その結果，富裕層への減税，金融の規制緩和，大量失業と不安定雇用化，産業の空洞化，社会的格差の拡大，中間層の没落，移民の大量流入，自由貿易の推進による国民経済の破壊といった現象が生起している（Le Pen［2012］pp.40-54）。つまり，新自由主義の論理に屈服することで，欧州統合はヨーロッパ市場を途上国との競争から守り，競争力のない域内の産業を国際競争の荒波から保護するという本来の役割を放棄していると非難している（Le Pen［2012］pp.53-75）。

　第二に，大量移民とユーロ導入も国民を苦境に追い込んでいる。大量の移民はフランス労働者を発展途上国の低賃金労働者との競争に曝し，中小企業は途上国で生産される安価な商品との競合に追い込まれている。ユーロの導入は，国家主権を制約することで，失業の増大，社会的扶助の低下，産業の空洞化への対応を困難にしている。ユーロ圏内では競争力の格差が生まれ，貿易上のアンバランスが拡大し，他の加盟国を犠牲にしてドイツが一人勝ち状態になっている（Le Pen［2012］pp.59-60）。

　第三に，フランスでは，フランス革命に由来する人権と国民の連帯に立脚し，手厚い社会保障と安定した雇用を特徴とする「フランス社会モデル」が形成されてきたが（畑山［2010］155-159頁），その破壊をマリーヌ・ルペンは糾弾している。「かつてはマルクス主義の登場によって資本主義の行き過ぎが是正され，自由主義経済から混合経済へと転換が図られてきた。だが，1973年の石油危機を転機として混合経済への攻撃が始まり，冷戦の終焉はグローバル化を加速させ，市場原理主義が支配するようになった。戦後フランスでは資本主義経済への制御が施されてきたが，左翼も加わった攻撃によって次々とそれが破壊されてきた。結果として，フランスだけではないが，「福祉国家」の漸進的縮減によって社会的扶助への信頼が揺らぎ，生活水準の低下が起きている。今や全ての西欧諸国で常軌を逸した社会的不平等の昂進，公共サービスの民営化，労働法と社会保障制度

への攻撃，中小企業の消滅，雇用の減少が起きている（Le Pen［2012］pp. 88, 94-101, 134-144 et 149-159）。

　マリーヌ・ルペンは新自由主義に抗して，「フランス社会モデル」の再建を訴える「社会的右翼」の党であることを有権者に訴えている。

　第四に，マリーヌ・ルペンは，国民の文化とアイデンティティの面でも，グローバル化と欧州統合の深刻な弊害に警鐘を打ち鳴らしている。

　国境を事実上消滅させることで進む人と財の自由移動は，国民の結合と文化的統一性の空間である国家を弱体化させている。また，フランスに多文化主義を押し付けることで国民意識の希薄化と連帯の脆弱化をもたらし，国民のデラシネ化（根なし草化）と婚姻による「混血」を通じてグローバリズムへの抵抗力を奪っていることをマリーヌ・ルペンは指摘している（Le Pen［2012］pp.86-87 et 292-293）。

　移民の排除による純粋な国民共同体の再建とナショナル・アイデンティティの回復を，マリーヌ・ルペンはグローバリズムに対置している。

　第五に，マリーヌ・ルペンは，国民を欺いてグローバル化と欧州統合を推進し，新自由主義化を主導してきた政治エリートの責任を追及している。

　「左右の政治エリートたちは，欧州統合と新自由主義の受容以外に選択肢はないと国民を言いくるめてきた」「数十年来，失業は避けられないことであり，繰り返される経済危機は宿命であると説明されてきた。それと同時に，処方された新自由主義の薬だけが病気の治癒を可能にするとも言われてきたが，病気からの治癒は常に先送りされてきた。『オルタナティブは存在しない（There is no alternative）』とサッチャー首相が発言し，有名な『TINA』という頭字語が誕生した。代替の道は存在しないという意味の『TINA』は，今日でもフランスの指導者や知識人によって常に語られている」（Le Pen［2012］p.9）と，党派の違いを超えて新自由主義を主動してきたエリートたちを非難している。

　そのようなプロパガンダが有権者に受容され効果を発揮しているのは，エリート主導の「人民なきヨーロッパ（Europe sans les peuples）」，「人民

に反するヨーロッパ（Europe contre les peuples）」，「民主主義の赤字」，「テクノクラートによる EU 委員会や欧州中央銀行の支配」といった批判（Perineau［2014］p.133）が説得力をもつ現実があるからである。

　結局，マリーヌ・ルペンの反グローバリズム・反 EU 論は「脱国民化（de-nationalisation）」の現実を告発しているが，それに対置して「再国民化（re-nationalisation）」，すなわち，国民国家への回帰が対置されている。つまり，「脱国民化」に対する処方箋として，国民共同体の利益とアイデンティティを防衛すること（「自国民優先」＝「フランス第一」），そのために，国家主権を取り戻すこと（「再国家化」）をマリーヌ・ルペンは求めているのである。

　2017年大統領選挙でも，マリーヌ・ルペンのプログラムでは，ナショナル・アイデンティティの防衛や国家主権の回復，不法移民への医療援助の廃止など主張の一貫性が確認できる（ルペン［2017］118-142頁）。

4　強力な国家の再建──「再国家化」という希望

1　「再国家化」という処方箋

　マリーヌ・ルペンのような言説はグローバル化の流れを逆転させることを主張しているが，グローバル資本主義が深刻な弊害を国民にもたらしている以上，当然起こってくるリアクションだと言える。

　高度成長や産業化の時代を特徴づけていた予測可能で安定した生活が困難になり，一人ひとりが国境を越えた激しい競争に直面し，不安のなかで生きている。そのようなグローバル化の環境のなかで，国民のなかに救済願望が高まってくる。例えば，「アメリカを再び偉大に」とトランプ大統領が発する言葉が，多くの有権者を引き付ける理由はそこにある（金成［2016］249頁）。

　グローバル化と EU 統合に痛めつけられていると感じるフランス国民にとって，救済願望は往々にして国家に向かう。そのような感情を受けて，

マリーヌ・ルペンは国家の復権と役割の回復を訴える「再国家化」の言説を発している。これまで国家はフランスの魂にとって不可欠の要素であり，国民国家は政治活動の「自然な枠組み」である以上，国家の復権と主権回復が不可欠であり，「国民を防衛する唯一の枠組みである国家を復権して，デラシネ化したナショナル・アイデンティティの再生を図ることが必要であり，市場経済にとって強くて公正な国家が市場競争のルール遵守やカルテルの解体，社会的再分配の強制，平等の保障といった役割を果たすことが重要」であるとマリーヌ・ルペンは説いている（Le Pen［2012］pp. 96-97, 106-107 et 187）。

　マリーヌ・ルペンにとって，国家は特別な存在である。すなわち，政教分離や自由，繁栄の保証人であり，連帯と公平の促進者，経済的・社会的愛国主義の守護者なのである。ゆえに，マリーヌ・ルペンにとって，取り戻すべきは「小さな政府」ではなく，低所得層や年金生活者の地位を回復させ，「市民の平等にとって必要不可欠な手段」である公共サービスを再生させる「社会的共和制」であり，政教分離を守る「文化的共和制」である（Perrineau［2014］pp.78-80）。

　ある意味で，マリーヌ・ルペンによる「大きな政府」の主張であり，左翼が擁護してきたケインズ主義的福祉国家と類似しているように思える。だが，右翼に起源をもつポピュリズム政党である国民戦線の「大きな政府」はナショナリズムと接合した主張である。国民の利益とアイデンティティを優先する「社会的・文化的共和制」は，他の民族の社会的利益や文化的アイデンティティを冷遇する「排除の共和制」でもある。

2　国家によって国民生活を守る
──「新しい保護主義」と「自国民優先」という処方箋

　主権を回復した強力な国家（「再国家化」）によって実現すべき課題は国民生活の再建であり，そのために国民戦線は「新しい保護主義」と「国民優先（préférence national）」の原則を掲げている。

「自国民優先」の原則は，外国人よりもフランス国民の権利を優先することであり，福祉政治における「再国民化」と言われる考え方である（石田［2016］42-43頁）。すなわち，雇用，公共住宅，職業訓練，学校教育，社会給付などの領域で国民国家の正規メンバーを優遇し，国籍をもたない移民・難民を差別的に扱うことを意味している（畑山［2007］107-108頁）。「自国民優先」は一般的には「福祉排外主義」と呼ばれているが，その政策的効果として大量の移民流入を抑制することが意図されている。そこには，失業や福祉財源のひっ迫といった社会問題をエスニシティ化することで「人種差別主義者」という非難を回避するメリットもあった。

　「新しい保護主義」は，自国の経済的利益を国家によって保護することを意味している。グローバルな自由貿易の流れをコントロールすることであり，具体的には人件費が安い国からの輸入品に課税することが提案されている（畑山［2007］110頁）。つまり，国境の開放，関税の廃止，自由貿易と労働力の国際移動といったグローバル資本主義の現実に対して，国境の壁を高くして国民的利益を防衛することであり，トランプ政権による中国との関税競争が「新しい保護主義」を象徴している。

　そのような処方箋が説得力を発揮しているのは，グローバル化と EU 統合のなかで，国民生活が優先されず，国民の利益が保護されていないという実感が拡がっているからである。

おわりに――国民国家への回帰という処方箋の有効性

　グローバル化という国境を越えるヒト，モノ，カネ，情報などの流れと欧州統合という国民国家を超える実験が人類の繁栄と進歩に資すると期待を集めた時期もあった。だが，経済成長と企業の利益を優先することで失業と不安定雇用の増加や格差と貧困の広がり，購買力の低下，産業空洞化，地域経済の荒廃，大量の移民・難民の流入，環境破壊といった弊害をもたらし，国境を越える処方箋への不満と失望が広がっている。そのようなと

き，強力な国家による問題解決を訴える言説が影響力を拡大している。

　第二次世界大戦後，国家が国民の生活と労働を改善する主体である時代から，グローバル化や欧州統合といった国境を越えたヒト，モノ，カネなどの自由な移動が国民生活を豊かにすると喧伝されるようになった。そして，やがては，ボーダレス化とグローバル資本主義の弊害が多くの領域で顕著になり，国民国家への回帰が唱えられるようになった。本稿では，そのようなプロセスを確認した。

　果たして，グローバル化や EU 統合が多くの問題を抱えていることは確かであるが，かといって，国民国家への回帰によって国民の安心と安全は確保できるのだろうか。そのような選択肢の実現可能性と有効性への疑問とともに，デモクラシーの制度と価値にとってのリスクも指摘できる[11]。

　「新しい保護主義」や「自国民優先」といった国民国家への回帰という国民戦線の処方箋は実現可能性も含めて疑問である。だが，それを指摘するだけでは問題は解決しない。格差や貧困，公共サービスの劣化，地方の衰退などグローバル化の弊害が多くの人々を苦しめ，絶望させている現実と果敢に闘い，新しい経済社会モデルを本気で追求する政治主体が登場しない限り，国民国家への回帰という「ノスタルジックなオプション」（ハーバーマス［2016］179頁）は影響力を強めこそすれ，決して消滅することはないだろう。

　気候変動の問題が象徴する地球環境問題や生物多様性の維持，資源の保護，国際的な格差と貧困への対処，宗教・民族対立とテロの問題など，国民国家への回帰では解決できない課題は山積している。国民の安全と生活を守ることは，「国益」を超えて「地球益」を守ることだと私たちは学びつつある。スウェーデンの高校生グレタ・トゥーンベリの地球温暖化に関する訴えが世界の多くの人々の心を揺さぶり，行動へと突き動かしているのは，その好例である。また，新型コロナウイルスの問題でも，新薬の開発・普及や医療技術の革新には国際的に連携した取り組みが不可欠である。つまり，国民国家か脱国民国家かという二者択一ではなく，どのような国

民国家か，どのようなグローバル化や欧州統合なのかが重要である。

　カネよりも健康，経済よりも環境を優先する価値観や，人権の尊重と格差是正の必要性が気候変動や新型コロナウイルスの危機を通じて共有されつつある現在，「連帯と平等を基調とした国民国家」を追求するなかで「連帯なき依存関係」ではなく「連帯を基調とした依存関係」へとグローバル化を転換するという課題が提起されている（海老坂［2020］）。経済的利益を中心とした「国益」の優先という古い国際政治の発想を超えて，「連帯を基調とした依存関係」といった新しい方向に舵を切ることを，危機にある地球は私たちに迫っている。

注
1　センは，①「安全保障」を軍事的な意味に解釈した「国家の安全保障」と対照的に「個々の人間の生活」に重点を置くこと，②個々の人間の苦境と救済を社会と切り離して考えないこと，③全般的な自由の拡大よりも人間の生活が「不利益を蒙るリスク」に焦点を絞ること，④「より基本的な人権」（人権全般ではなく）を強調し，「不利益」に特に関心を向けることを提言している（セン［2006］23-24頁）。戦後の先進国では，センの提起する軍事的安全保障だけではなく，経済成長を背景に国民の生活や人権を保障することが重視されてきた。

2　欧州統合論の起源は18世紀初めにまで遡ることができるが，1923年にはクーデンホーフ＝カレルギーが著書『パンヨーロッパ』のなかで，荒廃したヨーロッパを再建するために，すべての民族を一つにした統合ヨーロッパの構築を提唱した。そこには，ヨーロッパの大国であるフランスとドイツが幾度となく戦火を交え，それがヨーロッパの衰退を招いたという反省があった。フランスとドイツの和解を通じてヨーロッパから戦争の根源を除去することが，欧州統合というプロジェクトの最大目的であった（石川［1994］22-24頁）。

3　欧州統合の達成した多大なる成果は否定できない。仏独という長年の敵を良き隣人に変える「奇跡」に成功し，市民たちは政治的自由と世界の他の地域の人々が羨むような生活水準を享受している。ギリシアやポルトガル，スペインを独裁体制から安定的な民主政へと転換させることもできた。28ヵ国，5億人以上の人口を擁する世界最大の市場と通商ブ

ロックを創出し，資本主義を福祉国家的に抑制する社会・経済モデルも実現している（ベック［2013］14-15頁）。

4　この非難が絶えないのは，EU の統治構造が民主的正統性を欠いているからである（吉田［2002］76-77頁）。つまり，EU の運営が少数のエリートによって牛耳られているという現実がある（田中［2005］75頁）。欧州統合は「権力の現実」と「民主主義の現実」との隠された分離のプロセスであり，加盟国の民主主義的プロセスに参画することで国民は「権力の現実」が国家にあると信じ続けているが，現実には重要な決定は超国家的レベルで下されている（Joly［2001］pp.28-29）。

5　新自由主義に傾斜していることへの批判は，国境を越えた自由な経済活動と競争力の優先が格差と貧困を拡大している現実に向けられている。フランスでは，1995年大統領選挙で保守系候補 J・シラクが「社会的亀裂」の是正を掲げたが，その言葉は所得や資産の格差だけではなく，社会的上昇移動の可能性が奪われていることも意味しており，当時のフランスですでに保守系候補が取り上げるほど，格差と貧困が実感されていたことを示している（広岡［2016］61-62頁）。

6　2014年 4 月に作成された EU の「雇用政策事業包括政策」の解説パンフレットでは，「欧州連合は社会的な市場経済の上にたって」おり，「完全雇用，社会的発展，統合，社会的な保護と包摂は EU の機能に関する条約の優先事項である」と記されている。そこでは，雇用を提供し，社会から落ちこぼれた人々を社会に再統合し，保護を施すといった「ソーシャルな」EU 像が宣言されている。だが，実際には，EU は新自由主義に傾斜し，「社会的ヨーロッパ」の言葉を忘れたかのようである（広岡［2016］191-203頁）。

7　例えば，EU の東方拡大という政策決定が，産業の空洞化と低賃金労働力の流入によって失業と賃金低下を招いたことが非難されている。というのは，経済の発展状況が異なる国が加盟することで，価格や賃金，税や社会負担の「下方への競争」が働き，そのことで賃下げやデフレ，失業の増大，格差の拡大，社会保障の切り下げなどが起きるからである（Heine［2009］pp.32-34）。

8　1980年代から進行する統一市場の整備と1990年代中旬の経済・通貨同盟への移行によって，国民国家レベルでの競争，産業・通貨政策への国家介入の範囲は厳しく限定されるようになった。「欧州経済通貨同盟（EMU）」は為替レートのコントロールを加盟国から奪い，インフレの抑制と財政赤字の削減の方向で財政規律を尊重することが求められたから

である。フランスでも左翼と保守の違いを超えて歴代政権は，欧州統合による制約を理由として緊縮政策や民営化を推進した（Chafer and Godin［2010］p.242, Drake［2010］pp.196-197）。

9　コンセンサスの揺らぎを象徴的に示したのが，2005年に実施された国民投票における欧州憲法条約案の否決であった。その余波はユーロにまで及んだ。1999年に導入されて以来，欧州中央銀行（ECB）の政策が批判の対象になっても，ユーロ自体が問い直されることは基本的になかったが，2005年の国民投票以降は脱ユーロの主張が広がることになった。ヨーロッパ市民は雇用，貧困との闘いを欧州統合に期待してきただけに，社会経済面での厳しい評価は EU への拒絶の最大の理由となった（Pisani-Ferry［2005］pp.134-138）。

10　国境を越える経済社会の現実への失望と怒りはアメリカでも広がっている。反グローバリズム（「保護主義」）と国民国家への回帰（「強いアメリカ」），自国民中心・優先（「アメリカ第一」）を公言するトランプ大統領が誕生している。「我々はもはやグローバリズムといった誤ったイデオロギーによって国家を破壊し，アメリカ国民をその犠牲者としてはならない。国民国家こそ幸福と調和の真の基礎をなすものである。私は国際組織というものを信用していない」といった主張から，反グローバリストで，国民国家の再建によって国益を増進させるというトランプの発想が伺える（藤井［20016］60頁）。

11　第一のリスクは，移民・難民への差別・排除と国民共同体の純化という処方箋（国境コントロール強化と「自国民優先」）が，異質な存在の差別と排除に帰結することである。それは，先進社会が営々と築いてきた寛容と人権，平等，自由といった価値を破壊する危険性である。特に，「野蛮」で「非文明的」なイスラムとキリスト教の文化を対置するといったサミュエル・ハンチントンが提起した「文明の衝突」的な発想は，イスラムへの偏見と差別を助長している。

　　第二に，FN の唱える「新しい保護主義」のような国益を優先する姿勢は，トランプ大統領による中国との関税引き上げ競争のように国際経済秩序を混乱させ，国際社会を対立と緊張の時代に連れ戻しかねない。自国利益の一方的追求は，力を背景とした威嚇ではなく，多国間の協議や交渉で問題を解決してきた戦後の国際関係のあり方を否定するものであり，それによって，国民の安全を脅かす危険性がある。

　　第三に，国家による問題解決の要求は強力な国家と指導者への期待を高めるが，ロシア，ブラジルなどの事例が示しているように往々にして

強権的支配に帰着する。その結果，民主主義の制度や価値が破壊され，
国民の人権や自由が脅かされる危険性がある。

参 考 文 献

Chafer, T. and Godin, E. [2010], "French Exceptionalism and the Sarkozy Presidency," in Chafer, T. and Godin E. (ed.), *The End of the French Exception? Decline and Revival of the "French Model"*, London, Plagrave Macmillan.

Drake, H. [2010], "France, Europe and the Limits of Exceptionalism," in Chafer, T. and Godin E. (ed.), *The End of the French Exception? Decline and Revival of the "French Model"*, London, Plagrave Macmillan.

Front national [2001], *Pour un avenir français. Le programme de gouvernement du Front national*, Paris, Èditions Godefroy de Bouillon.

Harmsen, R. [2010], "French Euroscepticism and the Construction of National Exceptionalisme," in Chafer, T. et Godin, E. (éd.), *The End of the French Exception? Decline and Revival of the "French Model"*, London, Plagrave Macmillan.

Heine, S. [2009], *Une Gauche contre l'Europe? Les critiques radicales de altermondialistes contre l'Union européenne eu France*, Édition de l'Université Brusselles.

Joly, M. [2001], *Le Souverainisme. Pour comprendre l'impasse européenne*, Paris, François-Xavier de Guibert.

Le Pen, M. [2012], *Pour que vive la France*, Paris, Gracer.

Perrineau, P. [2014], *La France au Front,* Paris, Fayard.

Pisani-Ferry, J. [2005], "Europe: une crise qui va loin," dans Mergier, A. et al. (2005), *Le jour où la France a dit 〈non〉. Comprendre le referendum du 29 mai 2005,* Paris, Plon.

Schemeil, Y. [2010], "Les Français et l'Europe: espérance et prudence," 『日仏政治研究』第 5 号.

Spitz, B. [2002], "Une mondialisation: deux France," *SOFRES, L'état de l'opinion 2002*, Paris, Seuil.

石川謙次郎 [1994]，『ヨーロッパ連合への道』日本放送出版協会。

石田徹 [2016]，「福祉政治における『再国民化』の言説—福祉ツーリズム，福祉ポピュリズムをめぐって」高橋進・石田徹編『「再国民化」に揺らぐヨーロッパ——新たなナショナリズムの隆盛と移民排斥のゆくえ』法律

文化社。

今井貴子［2016］,「分断された社会は乗り越えられるのか――EU 離脱国民投票後のイギリス」『世界』no.886。

海老坂武［2020］,「孤立の中でも宿る連帯」『朝日新聞』（5 月15日）。

遠藤乾［2016］,『欧州複合危機――苦悶する EU，揺れる世界』中央公論新社。

金成隆一［2017］,『ルポ　トランプ王国――もう一つのアメリカを行く』岩波書店。

熊谷徹［2020］,『欧州分裂クライシス――ポピュリズム革命はどこに向かうか』NHK 出版。

庄司克宏［2007］,『欧州連合――統治の論理とゆくえ』岩波書店。

セン，アマルティア，東郷えりか訳［2006］,『人間の安全保障』集英社。

鈴木直［2016］,「ヨーロッパを引き裂く 4 つのベクトル――英国 EU 離脱を読み解く」『世界』no.886。

ギデンズ，アンソニー，脇阪紀行訳［2015］,『揺れる大欧州――未来への変革の時』岩波書店。

田中素香［2016］,『ユーロ』岩波書店。

西川長夫［1995］,「歴史的過程としてのヨーロッパ｜西川長夫・宮島喬編『ヨーロッパ統合と文化・民族問題』人文書院。

ハーバーマス，ユルゲン，三島憲一訳［2016］,「デモクラシーか資本主義か？」『世界』no.886。

畑山敏夫［2004］,「もうひとつの対抗グローバリズム――国民国家からグローバル化への反攻」畑山敏夫・丸山仁編著『現代政治のパースペクティブ――欧州の経験に学ぶ』法律文化社。

――――［2010］,「フランス社会モデルをめぐる対立――平等と連帯の社会の抵抗力」『平和文化研究』第30／31合併号。

広岡裕児［2016］,『EU 騒乱――テロと右傾化の次に来るもの』新潮社。

藤井厳喜［2016］,『「国家」の逆襲――グローバリズム終焉に向かう世界』祥伝社。

ベック，ウルリッヒ，島村賢一訳［2013］,『ユーロ消滅？――ドイツ化するヨーロッパへの警告』岩波書店。

ベッセル，リチャード，大山晶訳［2015］,『ナチスの戦争1918-1949――民族と人種の戦い』中央公論新社。

吉田徹［2017］,「『グローバリズムの敗者』はなぜ生まれ続けるのか」『世界』no.890。

ルペン，マリーヌ，本村三浩訳［2017］『自由なフランスを取りもどす——
　愛国主義か，グローバリズムか』花伝社。

［佐賀大学名誉教授＝フランス現代政治］

4　民族の自決と国際平和の相克

吉川　元

は じ め に

　「民族の楽園」と謳われたユーゴスラビアで民族紛争が勃発し，「民族浄化」が再び国際政治の舞台に呼び戻されたのをきっかけに，冷戦の終結後には民族浄化や民族強制移動の研究に弾みがついた。振り返るに，第一次世界大戦，第二次世界大戦及び冷戦の終結時の20世紀三つの国際秩序再編期において，欧州，特に東中欧から旧ソ連一帯にかけて，なぜか大規模な民族強制移動や民族浄化が発生している。

　民族強制移動に関する研究は，古くは両大戦間期のマイノリティ保護及び第二次世界大戦中の民族強制移動の研究（Schechtman［1946］），両大戦間期及び第二次世界大戦中の民族移動の研究（Kulischer［1948］），近年では第二次世界大戦中のドイツ人強制移動の研究（Frank［2008］；川喜田［2019］），第二次世界大戦の民族移動を引揚者の視点から論じた国際民族移動の研究（蘭・川喜田・松浦［2019］）が代表的な研究であろう。20世紀三つの国際秩序再編期に，なぜ大規模なジェノサイド，住民交換，あるいは民族強制移動が繰り返し発生するのだろうか。戦後の平和秩序再編期において民族強制移動や住民交換を必要とする，あるいはそれを促すような

国際関係構造が存在するのであろうか。こうした問題関心に基づく民族移動の研究は管見にして存在しない。

本稿の目的は、20世紀の三つの国際秩序再編期に繰り返し発生した民族浄化と民族強制移動の背景を、国際関係要因と国内政治要因から解き明かすことにある。具体的には、第一に、民族混住地の存在が民族紛争の主たる原因だと考えられたことから、民族紛争を予防する目的で、かつ国家安全保障を強化する目的で民族浄化や民族強制移動を行われたことを明らかにする。第二に、国際秩序再編期に民族マイノリティ国際保護の在り方が問われてきたが、その過程で展開された民族マイノリティ国際保護対国民統合をめぐる規範対立は、国際社会における民族紛争予防政策と各国の国民国家建設の狭間で相克する構造的な対立であり、それゆえに国際秩序再編期に繰り返し浮上する規範対立であることを検証する。

1　第一次世界大戦と民族自決

オスマン帝国が衰退の一途をたどる19世紀後半、主としてバルカン地方やコーカサス地方を中心に民族強制移動や難民が頻繁に発生する。ロシア帝国の南下政策に伴いコーカサスではおよそ200万人に上る住民が追放された（Werth［2010］pp.388-389）。一方、オスマン帝国領内ではキリスト教徒を含め非トルコ系住民に対する迫害が繰り返された。こうして第一次世界大戦前の数十年間に東中欧諸国からおよそ500万人のキリスト教徒難民が発生し、また300万人近くのユダヤ人難民が西欧諸国やアメリカへ押し寄せた（Bloxham［2009］p.180）。

同じ頃、汎ゲルマン主義、汎スラブ主義に代表される民族統一主義（失地回復主義）が台頭する。20世紀初頭には特にオスマン帝国領内で外部勢力の民族統一主義運動がマイノリティ保護を口実に領土拡張を企てているとの外部脅威論が浸透していた（Bloxham［2005］　pp.62-68）。領内のギリシャ系住民は隣国ギリシャの民族統一主義（メガリ・イデア）を支持し、

またアルメニア系住民は隣国ロシア領内のアルメニア人との民族統合を支持していると疑われていたからである。しかも，バルカン戦争直後からアルメニア人の自治権拡大についてロシアと協議を続けていたオスマン帝国は，ロシア帝国との間で二つのアルメニア人自治州の創設に合意した。そこに第一次世界大戦が勃発したためオスマン帝国は同合意を破棄するとともに，これを機に80万人規模のアルメニア人ジェノサイドを計画したとされる（Naimark［2001］pp.27-28, 38-41）。

　第一次世界大戦を機に民族自決の原則が国家の独立の政治原則となるが，それは第一次世界大戦中に米英仏の連合国の戦争目的に「民族自決」を掲げたことと関連している。民族自決を戦争目的に持ち出したのは，ボルシェヴィキ指導者レーニン（Vladimir Ll'ichi Lenin）とアメリカ大統領ウィルソン（Woodrow Wilson）の働きかけによるところが大きい。フランス革命の際に使用され，その後あまり用いられることのなかった「国民の自決」を「民族自決」に置き換えて，それを国際政治の舞台に再び呼び戻したのがレーニンである。レーニンは大戦前夜に著した「民族自決について」において，民族自決とは「ある民族が他民族の集合体から分離することを意味し，自立した民族国家を形成することを意味する」と論じた（レーニン［1971a］293-294頁）。レーニンはまた大戦初期に著した「社会主義革命と民族自決権」において，「民族自決権」は民主主義の原則に基づく権利であり，「人民投票」という民主的方法で民族独立を達成することができる，とも論じた（レーニン［1971b］185頁）。その後，ロシア10月革命によって権力を奪取したレーニンは「平和に関する布告」を発表し，無併合，無賠償，民族自決からなる講和原則を提案した。

　ロシア革命の反響はあまりにも大きく，連合国の指導者もオーストリア＝ハンガリー帝国の分断を狙って民族自決を呼びかけた。特にアメリカのウィルソン大統領は，1918年1月8日，アメリカ議会において14カ条の講和原則を提案し，その中でオーストリア＝ハンガリー帝国及びオスマン帝国の諸民族の「自治の発展」，ポーランド人の独立など民族自決に関する

具体的な提案を行った。民族自決を訴えることでロシア側に一緒に戦い続けようとの反応が起こることを期待したとも，戦後世界の道徳的な指導力をボルシェヴィキと競う面があったとも言われる（唐渡［2003］123-124頁）。

　いずれにせよ民族自決の呼びかけは奏功し，戦争の終結後にはチェコスロバキア，ハンガリーなどの諸民族の独立が叶い，およそ1億人の民族が新たに独立した国の「国民」となった。一方，独立した国家の内部には民族同胞から切り離されたおよそ2,500万人の民族マイノリティが誕生した（Jenne［2005］p.11）。特にポーランドとチェコスロバキアの民族マイノリティ人口は比較的大きく，総人口のおよそ3分の1を占めた。

　ここに民族自決で独立したての民族主義化する国家，その中に取り残された民族マイノリティ，そして民族マイノリティの民族同胞国との間の三者関係のもつれから生じる民族紛争の構造が胚胎する（Brubaker［1996］）。それだけにパリ講和会議では，国際連盟の設立問題と並んで民族紛争の予防，すなわち民族混住地対策が重要な議題となり，民族自決の原則に基づくおよそ三つの次の解決策が講じられている。第一は，マイノリティ国際保護である。講和条約の中のマイノリティ条項または戦勝国と新独立国との間で結ばれたマイノリティ保護条約において民族言語使用の権利，民族言語による初等教育の保障等を含むマイノリティ権利が規定され，国際連盟がその履行を担保するマイノリティ国際保護制度が創設された（Jackson Preece［1998］pp.74-75；Robinson［1943］pp.27-41）。

　第二に，住民交換である。住民交換は19世紀末から行われていたが，外交文書で「住民交換」の用語が最初に使用されるのは第二次バルカン戦争後の1913年11月，オスマン帝国とブルガリア間で締結された住民交換協定においてである。第一次世界大戦後にはブルガリアとギリシャ間，新生トルコとブルガリア，ルーマニア，ユーゴスラビア各国との間で住民交換が行われた。歴史上，最大規模の住民交換は希土戦争後に行われたギリシャとトルコ間の住民交換である。1923年1月，ギリシャとトルコ両国政府は

トルコのギリシャ正教徒とギリシャのムスリム合わせて160万人に上る住民交換協定に合意した。こうした大規模住民交換と住民の再定住を大国が支援した（Naimark［2001］p.54）。

第三に，民族境界線に合わせた国境の変更である。ドイツと周辺国との間の係争中の国境は1920年にシュレースヴィヒ（ドイツとデンマーク間），21年にオーバーシュレージエン（ドイツとポーランド間），1935年にザールラント（ドイツとフランス間）で住民投票によって帰属が確定されている（川喜田［2019］33頁）。

ところで1920年代には比較的順調に機能したマイノリティ国際保護制度は30年代に入ると次第に機能不全に陥り，第二次世界大戦前夜の39年1月に正式に廃止された。なぜマイノリティ国際保護制度は頓挫したのだろうか。もともと戦勝国にはマイノリティ保護義務が課せられていないマイノリティ条約（条項）の不平等性は，早くから問題視されていた。それに加えて国内に政治的に活動的な民族マイノリティを有する東中欧諸国政府には，民族マイノリティ保護が国民統合の妨げとなり，また外部干渉を誘う勢力の保護につながりかねないことも不満であった（Claude［1955］pp. 32-36）。そして民族解放と労働者の蜂起を呼びかける共産主義の脅威に直面した東中欧諸国は独裁化していき，民族マイノリティを弾圧していったのである。国際連盟の側にもマイノリティ国際保護に消極的にならざるを得ない事情があった。ソ連のコミンテルン外交の展開，ドイツのナチズムの台頭によって国際関係にイデオロギー対立が持ち込まれると，英仏両大国は東中欧諸国との友好関係を優先させるあまりに民族問題で影響力を行使しなくなったのである（吉川［2015］88-95頁）。

1930年代に入ると民族統一主義の暗雲が再び欧州に漂う。マイノリティ保護を口実にしたナチ・ドイツの民族統一の企てである。アドルフ・ヒトラー（Adolf Hitler）は政権の座に着くや領土拡張政策を打ち出し，その矛先を旧ドイツ領の失地回復に向けるとともに，チェコスロバキアのドイツ系住民の居住地域ズデーテンの併合に向けた。ヒトラーは自治を要求して

いたズデーテン・ドイツ党を支援し，チェコスロバキア政府に対してズデーテンの割譲を迫ったことから，1938年9月，ズデーテン問題は山場を迎える。ミュンヘンで開催された英仏伊独の4ヵ国首脳会談の場で，4ヵ国首脳はズデーテンのドイツへの割譲を認めるミュンヘン協定を締結した。その後，ヒトラーはボヘミア及びモラヴィアを併合し，チェコスロバキアは解体された。ヒトラーはポーランドに対してもポーランド回廊，ダンツィヒなど失地の返還及びドイツ系住民の保護を求めたが，ポーランドはそれを拒否した。1939年9月，ドイツはポーランドに侵攻し，欧州大戦の火蓋が切って落とされた。

　マイノリティ国際保護においてミュンヘン協定は重大な教訓を残した。民族マイノリティ保護を口実に民族同胞国が近隣諸国の民族マイノリティ（「第5列」）と連携して領土拡張を企てる，との教訓である。このことは「ミュンヘンの教訓」として語り継がれることになり，この教訓が第二次世界大戦後の民族問題に関する国連の基本方針を決定づけることになる（古川［2019］56-59頁）。

2　第二次世界大戦と人民の自決

　欧州大戦が始まるとドイツおよびソ連の占領下で大規模なジェノサイドが行われた。西からドイツ，東からソ連によって入れ替わり侵略されたポーランド，ウクライナ，白ロシア，バルト諸国は「流血地帯」と化し，ユダヤ人やスラブ系住民合わせて1,400万人が殺戮された。そのうち，およそ3分の2はナチ・ドイツの手によるもので，残りの3分の1はソ連の仕業であった（Snyder［2011］pp.383-386）。

　なぜユダヤ人とスラブ人がジェノサイドの対象になったのだろうか。ドイツには欧州から北米にかけて広域ネットワークを有し世界制覇を企むユダヤ人が，ドイツの安全を脅かしているとのユダヤ脅威論が広く浸透していた。現にロシア革命の指導者の中にユダヤ人が多数存在したし，マイノ

リティ国際保護は事実上，ユダヤ人保護を口実に行われる国際干渉に他ならないとみなされていたことも，ユダヤ人ジェノサイドの背景にあった。一方，ソ連の指導部内部でも反ポーランド主義，反ユダヤ主義の脅威認識が共有されていた。もともとロシア帝国時代からの根深い反ユダヤ主義がソ連の指導部に受け継がれていたが，それに加え旧ロシア帝国領から独立したポーランド人を，ソ連指導部は「敵性民族」とみなしていたことも反ポーランド主義の背景にあった（Mann［2005］pp.182-183；Bloxham［2009］pp.188-189）。

ところで，大戦中にソ連国内で大規模な民族強制移動が行われている。独ソ戦が始まるとソ連国内の120万人ものドイツ系住民（ドイツ系住民の80％に相当）が中央アジアやシベリアへ強制移動させられ，ヴォルガ・ドイツ自治共和国は廃止された（Werth［2010］pp.403-404；Kulischer 1948］pp.297-299）。ドイツ系住民の追放は，安全保障上の「（第5列の）予防的追放」であった（Naimark［2001］p.89）。ところが，ソ連軍の反撃によってコーカサスがドイツから解放された直後にも，チェチェン・イングーシ人，クリミア・タタール人を含めコーカサスの非スラブ系6民族およそ90万人が中央アジアやサハリンへ追放されている（Werth［2010］pp.403-404）。ドイツ軍の撤退後の民族追放は，対独協力を口実にかつてソビエト化に抵抗した民族に対する「懲罰」追放であった（Naimark［2001］pp.92-96）。

大戦が終結すると，大戦中に「流血地帯」と化した民族混住地の平和構築が連合国の主要な課題の一つであった。ミュンヘンの教訓も手伝い，民族混住地の民族浄化こそ戦争予防の要だとの平和構築の見立ては一層強固なものになる。例えばアメリカの元大統領ハーバート・フーバー（Herbert Hoover）は第二次世界大戦初期に著した『恒久平和の諸問題』の中で次のように述べる。第一次世界大戦後に行われた「住民交換」が不十分であったことが今次の大戦の原因の一つである。「国際平和」のためには「単一の民族国家の建設に向けて徹底した住民交換」を進めなければならない。「住民交換がいかに難儀な大事業であろうとも，それにかかるコス

トは戦争の惨禍とは比べようもなく安上がりにつくからである」（Hoover
and Gibson［1942］p.233）。

　実際のところ第二次世界大戦後の民族強制移動は，限りなき単一民族国
家の建設を目的として実施された国家プロジェクトであった。大戦中，チ
ェコスロバキアとポーランド両亡命政府は，機会あるごとにドイツ系住民
の追放は「民族国家建設に向けた必要措置」であると主張していた
（Brandes［2009］pp.294-295）。チェコスロバキアとポーランド両亡命政府
の働きかけが奏功し，大戦末期にはウィンストン・チャーチル（Winston
Churchill），フランクリン・ルーズベルト（Franklin Roosevelt）及びイオシ
フ・スターリン（Iosif Stalin）の英米ソ首脳は，東中欧各地のドイツ系住
民を追放することに同意していた（Benes［1954］pp.197-238；Snyder
［2011］pp.41-142）。

　戦後，連合国はさっそく「流血地帯」の民族浄化に取りかかった。チェ
コスロバキアとポーランドのドイツ系住民をはじめハンガリー，イタリア，
ユーゴスラビア，ルーマニア，ソ連各地のドイツ系住民も追放の対象とな
り，そのうち，1950年までに西ドイツへ810万人，東ドイツへ410万人，合
わせて1,220万人に上るドイツ系住民が移動させられた（川喜田［2019］
71-74頁）。チェコスロバキアは，ドイツ系住民を追放する一方，フランス，
ベルギー，ドイツなど国外のチェコ人とスロヴァキア人を受け入れ，さら
に隣接するソ連の連邦構成共和国，ルーマニア，ハンガリー，ユーゴスラ
ビア各国との間でも住民交換を徹底した。ポーランドも東部国境周辺で隣
接するソ連の構成共和国との間で住民交換を徹底した。その他，イタリア，
ユーゴスラビア，バルト諸国，東欧諸国も，それぞれ関係国との間で住民
交換を行い，限りなき単一の民族国家の建設に取組んだ（Kulischer
［1948］；Schechtman［1946］）。

　ところで第二次世界大戦後，民族マイノリティ保護による国際平和の見
立ては根本から見直しを迫られることになる。国連憲章が採択されたサン
フランシスコ会議（1945年6月）では，ミュンヘンの教訓がいまだ生々し

く，どの国も民族自決はもとより民族マイノリティ保護にも反対した。特にアメリカや中南米の移民国家は，民族マイノリティ保護が同化政策の妨げになり，国民統合の妨げになるとの理由で反対した（Jackson Preece [1998] p.109）。その結果，国連は，民族問題は関係当事国で解決すべき問題であるとの基本原則に立ち，民族問題から手を引き，代わって，人権尊重と人民の自決に基づく国際平和を構想した。しかし，そのことは加盟国政府の国民統合を民族マイノリティ保護に優先させたに等しい。もっとも人民の自決は民族自決とは異なる概念である点では共通理解があったが，植民地を失うことを恐れた欧米諸国の反対で，人民の自決の定義については合意には至らなかった[1]。

　国連が民族問題から手を引く背景には，大戦前の欧州平和を脅かしていた二つの民族問題，すなわちドイツ人問題とユダヤ人問題が解決されたと考えられたからでもある。かつて，もっとも同情されていたユダヤ人問題はイスラエルの建国によって解決し，もっとも恐れられていたドイツ人問題はドイツ系住民のドイツへの強制移動によって解決されたとみなされたからである（Claude [1955] p.206）。とはいえ，戦後の人権の国際基準の伸長過程で民族マイノリティ保護問題がたびたび頭をもたげているが，その都度，同化政策の妨げになるとの理由で反対された。ジェノサイド条約の起草過程では，民族言語の使用禁止または民族文化の禁止を「民族的・文化的ジェノサイド」として禁止しようとするソ連提案に対して，西欧諸国や南アフリカ，カナダ，ブラジルなどの移民国家は，文化的ジェノサイドの禁止は先住民の存続を認めることになり，国民統合の妨げとなるとの理由で反対した（Schabas [2009] pp.207-221；吉川 [2015] 152-164頁）。

　人民の自決の定義が確定されるのは，「アフリカの年」として知られる1960年のことである。同年12月，第15回国連総会で採択された「植民地独立付与宣言」において，人民の自決権は次のように定義された。「すべての人民は自決の権利を有する」。この権利に基づき「すべての人民はその政治的地位を自由に決定し，並びにその経済的，社会的及び文化的発展を

自由に追及する」。同宣言を機に人民の自決権は，植民地住民の独立する
権利として，また，すべての人民が外圧から自由に国家を統治する権利と
して認められるようになる。その後，国連友好関係原則宣言において，
「独立国家との自由な連合もしくは統合」も人民の自決権行使の諸形態を
構成することが認められるようになる。しかし，国民統合が未発達なアジ
ア・アフリカ諸国は，人民の自決権は1回限り行使できる権利であり，独
立達成後のさらなる分離独立に向けて行使される権利ではない，と主張す
るようになった（Barkus［1999］pp.111-112）。国内の分離主義の動きを恐
れてのことである。

　冷戦期は民族マイノリティには受難の時代であった。世界各地の民族マ
イノリティは「第5列」の嫌疑がかかるのを恐れ，身を潜めねばならなか
った。国連は民族問題から手を引いており，外部からの支援や救済は当て
にならないからである。それにもかかわらず，一部の途上国でジェノサイ
ドや大量殺戮が発生した。国民統合の未発達な途上国の多くは体制安全保
障のために権威主義化し，独裁化して人民を抑圧したのである。しかも，
人民の自決権と内政不干渉原則が国際規範となった結果，友好関係を維持
するためには大国と言えども友好国の国内問題に口出しできない国際政治
の仕組みが再び形成されたからでもある（吉川［2015］244-256頁）。

3　冷戦の終結と人民の自決の変容

　冷戦の末期，欧州を舞台に再び民族主義が高揚し，民族マイノリティ保
護制度が復活する。転機となったのが1989年1月，ウィーンで開催された
欧州安全保障協力会議（CSCE）の第3回フォローアップ会議である。同
会議の最終合意において，人権尊重並びに情報普及の自由及び人的接触の
領域を安全保障の「人間的次元」と規定し，その取り決めを伸長するため
の人間的次元会議，履行監視制度の人間的次元メカニズムが創設された。
人間的次元会議を舞台に，それまで抑えてあったトルコとブルガリアの民

族対立，ハンガリーとルーマニアの社会主義諸国間の民族対立が一気に表面化する一方，89年初頭から人間的次元メカニズムを通して東欧諸国の自由化が進み，89年夏から同年冬にかけて立て続けに，しかも平和裏に一党独裁体制が崩壊していった。

　欧州の統一が実現し，冷戦は終結した。冷戦の終結後，事実上の講和会議の役目を担うのが1990年11月，パリで開催されたCSCE首脳会議である。同首脳会議で採択されたパリ憲章において，参加国首脳は「欧州の統一」を祝すと同時に，欧州の「唯一共通の統治システム」として「民主主義（民主制）」の建設とその強化に努めることを宣言し，さらに民主主義，人権，法の支配及び民族マイノリティ権利の尊重を地域共通のグッドガヴァナンス基準とすることを宣言した。この間，CSCEは2度にわたって人間的次元会議を開催し，民族マイノリティ権利の復活に努める。2度目となるコペンハーゲン人間的次元会議では，新たにトランスナショナル民族交流の権利，国際NGO加盟の権利を含め歴史的に最も先進的な民族マイノリティ権利の伸長をみた。

　パリ首脳会議直前にドイツ統一が実現する。ドイツ統一は，CSCEの枠組みで人民の自決権の行使として承認された（吉川［1994］320-322頁）。ドイツ統一を機にユーゴスラビア各地で民族主義が高揚したことを受けて，1991年7月，CSCEはジュネーブで民族マイノリティ専門家会議を開催し，民族問題への一致した対応策を検討した。ユーゴスラビアの民族対立がソ連国内の民族紛争に波及することを危惧する米ソ両国は，民族マイノリティの権利のこれ以上の伸長には反対した（Heraclides［1993］pp.150-156）。一方，アルバニアは，ユーゴスラビアのコソボ自治州のアルバニア系住民の分離独立を認めるよう迫ったが，ユーゴスラビアは憲法上，連邦構成共和国にのみ連邦からの離脱権を含む人民の自決権が認められているのであり，民族マイノリティには自決権が認められていない，と主張した。同専門家会議の最終報告書において，民族マイノリティ問題がCSCE地域の「国際関心事項」に位置づけられた点は，それまでの国連による民族問題

の封印を解除したに等しく，注目すべき進展であった[4]。同専門家会議の最終日にユーゴスラビア代表は解釈声明を発表し，その中で人民の自決権の行使主体は民族マイノリティではなく人民であるとの「明白な事実」が会議で確認されなかったことに，遺憾の意を表明するとともに，この「危険な前例が明日にでもブーメランとなって他の参加国に跳ね返り，各国の領土保全，安定，平和を脅かすことになりかねない」と意味深長な警告を発している[5]。

1990年から91年にかけて連邦構成共和国を単位にソ連は15ヵ国に，ユーゴスラビアは6ヵ国に分裂したが，その分離独立の根拠となる国際原則をめぐって，人民の自決と民族自決の関係性が問われるようになる。両国の連邦構成共和国は，ソ連建国の父レーニンが提案した民族自決の手順に則って住民投票を実施し，独立宣言を行ったからである（吉川［2015］311-318頁）。それと同時に，民族主義化する民族国家，その中に取り残された民族マイノリティ，そして民族マイノリティの民族同胞国との三者関係のもつれから生じる民族紛争の構造が再び姿を現す。

事実，ソ連とユーゴスラビアの分離独立は，必ずしも平和裏に進んだわけではなく，ボスニア戦争，ナゴルノカラバフ戦争，グルジア戦争，あるいはコソボ戦争の例にみられるように，「新戦争」へ発展した場合もあった。新戦争の目的は，自民族集団の支配領域の拡大にあり，その手法はジェノサイド，民族浄化であり，それは国外ディアスポラからの援助に支えられる民族の戦争である（Kaldor［2006］）。例えば，ボスニア・ヘルツェゴビナの独立によって，人口比において国内第2位のセルビア人と第3位のクロアチア人は安全保障ジレンマに陥り，その結果，ボスニア人，セルビア人，クロアチア人との間の民族対立がジェノサイド，民族浄化を伴う三つ巴の戦争へと発展した。

20世紀最後の大規模な民族強制移動は，一連のユーゴスラビア紛争の最後の戦争であるコソボ戦争の際に発生している。コソボのセルビア人は，新ユーゴスラビアのセルビア人の援助の下で80万人近くのアルバニア人を

追放し，そして NATO の軍事介入によって形勢逆転した後にはセルビア人20万人が逆に追放された（Jones［2011］p.331）。その結果，コソボは限りなき単一民族国家として誕生したのである。

　冷戦の終結直後には，民族やディアスポラの自主的な国際移動も発生している。例えば，ロシア共和国以外の旧ソ連共和国内に2,500万人のロシア人・ディアスポラが誕生したが，安全保障ジレンマに陥ったディアスポラ・ロシア人の一部はロシア共和国へ自主的に移動した（Smith［1999］pp.83-94）。こうした自主的な民族移動は，新たに独立した国々におけるディアスポラ法（地位法）制定の動きと関連している。ディアスポラ法とは，憲法または国内法に定められた民族マイノリティや，ディアスポラとの間の共通アイデンティティの強化，ディアスポラへの準市民権の付与，民族同胞国への移動を促すための特別優遇措置等に関する法である。新たに分離独立した国は，ここでも限りなき単一民族国家の建設に取り組んだが，この度は住民交換を実施するまでもなく追放される民族集団や，「帰還」を希望するディアスポラの受け入れ態勢が整っていたから，民族移動は比較的平和裏に進んだ。

　しかし，民族マイノリティのホスト国にとっては，ディアスポラ法制定の動きは外部勢力の形を変えた民族統一主義運動に映り，それがもとで国際紛争へと発展することもあった。例えば，マケドニアは憲法において「周辺国のマケドニア人及びディアスポラ・マケドニア人の地位と権利を擁護し，彼らの文化的発展を支援し，彼らとの連携を強化する」（憲法第49条，のちに廃止）ことを謳ったことから，隣国ギリシャに領土的野心を疑われ，ギリシャとの国際紛争に発展した。

　民族問題が再び平和を脅かすようになった欧州で，民族マイノリティ国際保護制度が復活する。1995年2月に，マイノリティの意志に反する同化政策の禁止，民族マイノリティと民族同胞国との接触の自由等を規定した欧州民族マイノリティ枠組み条約が採択される。同年3月には EU の共通外交・安全保障政策の初の試みとして欧州安定化条約が採択され，OSCE

が条約の履行監視を担うことになった。両大戦間期のマイノリティ国際保護制度を彷彿させるものである。

お わ り に

　20世紀初頭から20世紀末にかけて，新たに独立する国家の「国民」の定義は変容していった。20世紀初頭に帝国支配から民族の政治的独立の原則として民族自決の原則が確立され，第二次世界大戦後は植民地住民の独立の原則として人民の自決権が認められ，そして冷戦の終結後は国家からの分離独立の原則として人民の自決が事実上，民族自決と同義になり，分離独立の原則として援用された。

　自決概念の変容は，近現代国家の国民国家と領域国家の建設がいかに困難な事業であるかを物語る。同時に民族マイノリティ保護の国際平和秩序と国民国家の発展がいかに両立しがたい関係にあるかを物語るものでもある。なぜならば，民族自決の原則で独立した国にとって，ましてや人民の自決で独立した国にとって，民族マイノリティ保護は同化政策の妨げになるに止まらず，民族「第5列」の保護にもつながる。民族混住地こそ民族紛争の発生の原因であると考えられ，しかも外部勢力からの呼びかけに応じる第5列の存在の恐れから，戦後の混乱期に住民交換，民族強制移動，ジェノサイドといった民族浄化が徹底され，単一の民族国家の建設が試みられたのである。しかも，戦後の混乱期には戦争予防の観点から，国際社会でこのような荒治療が許されたのである。国民国家建設の理念と国際平和の理念との相克に起因する規範対立は，20世紀の三つの国際秩序再編期に表出する共通課題であった。それゆえに，国際秩序再編期に，国際社会は同化政策と民族共生の狭間で揺れてきたのである。

　民族浄化は国家安全保障上，また戦争予防の上，必要措置と正当化されようが，民族浄化の対象となった人々には，それは極めて非人道的な措置である。このことは現代においても国民統合がいかに難儀な事業であるか

を示す証左であると同時に，国際平和と民族マイノリティ保護の共存関係の難しさを物語るものでもある。

【付記】本稿の分析アプローチは，蘭・川喜田・松浦［2019］所収の拙稿「戦争と民族強制移動」に初めて応用した。本稿では，同上論文で論じた第一次世界大戦と第二次世界大戦に行われた民族強制移動の分析に加え，冷戦後の民族移動を含め，三つの国際秩序変動期の民族移動の背景を戦争予防の視点から論じた。両大戦期の強制移動については，詳しくは同上論文を参照にされたい。

注

1 国際法学者 A. カセッセによると，国連憲章の起草過程において人民の自決権に関して以下の消極的な合意があった。すなわち，①民族マイノリティやエスニック集団が国家から分離独立する権利，②植民地下の住民が政治的独立を達成する権利，③主権国家の人民が定期的，民主的，かつ自由選挙を通して自分たちの指導者を選ぶ権利，④二つまたは三つ以上の民族が統合する権利，以上の 4 点だけは意味しないという消極的な合意である（Cassese［1995］p.42）。

2 第二次世界大戦後，2001年までに行われたジェノサイドと政治的殺戮の犠牲者数は少なくとも1,200万人，多くて2,200万人だと推計されている（Harff［2003］p.57）。

3 Right of Reply. Ambassador Vladislav JONOVIC Yugoslavia.

4 Report of the CSCE Meeting of Experts on National Minorities, Geneva, 19 July 1991.

5 Journal No.15（CSCE Meeting of Experts on National Minorities）

参 考 文 献

Barkus, Viva Ona ［1999］, *The Dynamic of Secession*, Cambridge University Press.

Beneš, Eduard ［1954］, *Memoirs of Dr. Eduard Benes: From Munich to New War and New Victory*, George Allen and Unwin Ltd.

Bessel, Richard and Claudia B. Haake, eds. ［2009］, *Removing Peoples: Forced Removal in the Modern World*, Oxford University Press.

Bloxham, Donald ［2009］, "The Great Unweaving: The Removal of

Peoples in Europe, 1875–1949," in Bessel, Richard and Claudia B. Haake, eds., *Removing Peoples: Forced Removal in the Modern World*, Oxford University Press.

Bloxham, Donald [2005], *The Great Game of Genocide: Imperialism, Nationalism, and the Destruction of the Ottoman Armenians*, Oxford University Press.

Brandes, Detlef [2009], "National and International Planning of the 'Transfer' of Germans from Czechoslovakia and Poland," in Bessel, Richard and Claudia B. Haake, eds., *Removing Peoples: Forced Removal in the Modern World*, Oxford University Press.

Brubaker, Rogers [1996], *Nationalism Reframed: Nationhood and the National Question in the New Europe*, Cambridge University Press.

Claude, Inis L. [1955], *National Minorities: An International Problems*, Harvard University Press.

Frank, Matthew [2008], *Expelling the Germans: British Opinion and Post-1945 Population Transfer in Context*, Oxford University Press.

Harff, Babara [2003], "No Lessons Learned from the Holocaust? Assessing Risks of Genocide and Political Mass Murder since 1955," *American Political Science Review*, Vol.97, No.1.

Heraclides, Alexis [1993], *Helsinki-II and Its Aftermath: The Making of the CSCE into an International Organization*, Pinter Publishers.

Hoover, Herbert and Hugh Gibson [1942], *The Problems of Lasting Peace*, Doran and Company.

Jackson Preece, Jennifer [1998], *National Minorities and the European Nation –States System*, Clarendon Press.

Jenne, Erin [2005], "National Self-Determination: Deadly Mobilizing Device," in Hurst Hannum and Eileen F. Babbitt, eds., *Negotiating Self-Determination*, Lexington Books.

Jones, Adam [2011] *Genocide : A Comprehensive Introduction*, 2nd Edition, Routledge.

Kaldor, Mary [2006], *New and Old Wars: Organized Violence in a Global Era*, 2nd edition, Polity Press.

Kulischer, Eugene [1948], *Europe on the Move: War and Population Changes, 1917–47*, Columbia University Press.

Mann, Michael [2005], *The Dark Side of Democracy: Explaining Ethnic*

Cleansing, Cambridge University Press.

Naimark, Norman M. [2001], *Fires of Hatred: Ethnic Cleansing in Twentieth Century Europe*, Harvard University Press.

Robinson, Jacob, Oscar Karbach, Max M. Laserson, Nethmiah Robinson, Marc VIchniak [1943], *Were the Minorities Treaties a Failure?* Antin Press.

Schabas, William A. [2009], *Genocide in International Law: The Crime of Crimes*, Cambridge University Press.

Schechtman, Joseph B. [1946] *European Population Transfer 1939–1945*, Oxford University Press.

Smith, Graham [1999], *The Post-Soviet States: Mapping the Politics of Transition*, Arnold.

Snyder, Timothy [2011], *Bloodlands：Europe Between Hitler and Stalin*, Vintage.

Werth, Nicolas [2010], "Mass Deportations, Ethnic Cleansing, and Genocidal Politics in the Later Russian Empire and the USSR," in Bloxham, Donald and A. Dirk Moses, eds., *Oxford Handbook of Genocide Studies*, Oxford University Press.

蘭信三・川喜田敦子・松浦雄介編 [2019]，『引揚・追放・残留——戦後国際民族移動の比較研究』名古屋大学出版会。

川喜田敦子 [2019]，『東欧からのドイツ人の「追放」——二〇世紀の住民移動の歴史のなかで』白水社。

唐渡晃弘 [2003]，『国民主権と民族自決——第一次大戦中の言説の変化とフランス』，木鐸社。

吉川元 [1994]，『ヨーロッパ安全保障協力会議（CSCE）——人権の国際化から民主化支援の発展過程の考察』三嶺書房。

吉川元 [2015]，『国際平和とは何か——人間の安全を脅かす平和秩序の逆説』中央公論新社。

吉川元 [2019]，「戦争と民族強制移動」蘭信三・川喜田敦子・松浦雄介編『引揚・追放・残留——戦後国際民族移動の比較研究』名古屋大学出版会。

レーニン [1971a]，「民族自決について」『レーニン10巻選集』第５巻，大月書店。

レーニン [1971b]，「社会主義革命と民族自決権」『レーニン10巻選集』第６巻，大月書店。

［広島市立大学広島平和研究所＝国際関係論，平和学］

5 「加害者の政治学」と国内政治による規範の制度化

ベトナム戦争時の民間人虐殺と韓国の対越政策

尹　在彦

は じ め に

　現代の国際政治において「加害・被害」といった構図は国民やメディアから重宝される。植民地や戦争の影響は「歴史問題」として再燃する。ただし，加害・被害の構図は固定されていない。イスラエルは，ドイツとの関係では被害者であるが，パレスチナ問題では加害者に近い。ドイツからの侵略を経験したフランスも，旧植民地のアルジェリアに対しては曖昧な態度を取っている。

　本稿では，「加害・被害」の構図のダイナミズムを分析する枠組みとして「国内政治からもたらされる規範の制度化」を提示する。政治アクターにより成立した規範は，政策の方向性を規定する。それが「加害・被害」の関係で形成された場合には他者にも影響を与える。対外戦争における自国軍の加害事実を受けた国家は，難しい選択に直面する。外国の被害者と同時に国民の反応も探らなければならない。本特集の「平和と国民」を考えるにあたり，国際関係での加害・被害問題は国民国家の枠組みだけでは進展し難い。その限界を乗り越えるためには，人権に関する新たな規範形成が必要となる。

　本稿の「規範の概念」は，「与えられたアイデンティティの中で集合的に期待される適切な行為」というピーター・カッツェンスタイン（Peter J.

Katzenstein）の定義を用いる。規範により特定の行為が制限されることも，他者との新たな関係が生じることもある。規範には制限的かつ構成的効果が存在する（Katzenstein［1996］p.5）。対外政策は制度化した規範といえる。

　トーマス・バーガー（Thomas U. Berger）は，「加害・被害」にかかわる西ドイツ・オーストリア・日本の政策を「公式な歴史ナラティブ」を中心に比較する。その差には政権交代や指導者の姿勢等国内政治要因が影響した（Berger［2012］pp.239-249）。木宮は指導者の交代（政権交代）による外交政策の変化可能性を指摘する（木宮［2014］5-6頁）。

　1992年の国交正常化以降30年にわたる韓国・ベトナム関係（韓越関係）は，「国内政治による規範の制度化」の枠組みに当てはまる。国家アイデンティティが長らく「被害者」だった韓国は，自国軍人による「ベトナム戦争時の民間人虐殺事件（虐殺事件）」（1999年に報道される）を受け，変化を余儀なくされる。民主化後の政権交代や市民社会の成立は韓国が加害事実に直面する条件となる。金大中政権はベトナムに対し「反省的姿勢を中心とした経済外交」を展開する。野党指導者として民主化運動に携わった金大中は，対越政策の方向性を決定付ける。ベトナムに対する「反省の姿勢・発言」や「ホーチミン廟への参拝」に伴う「経済支援や協力」がそれである。

　金大中政権期に形成された対越政策は政治思想に関係なく継承される。大統領の「ベトナム戦争への称賛」は困難になっていく。保守色の強い政権も例外ではなかった。両国は李明博権期の2009年「戦略的協力同伴者関係」[1]にまで発展し，2017年の文在寅政権の「新南方政策」ではベトナムが「核心的協力者」に位置付けられる。ベトナムとの貿易規模は31位（1993年）から4位（2019年）まで拡大していく（貿易規模は「韓国貿易協会」の統計による[2]）。

　市民団体（NGO）や進歩派メディアの役割が対越政策の形成に与えた影響は大きいが，分析対象は主に政府の対応に限定する。彼らの動きが，保

守派政権の対越政策にはさほど影響していなかった点を考慮した。また，韓国政府はODAの形で間接的支援こそ行っているものの，虐殺調査や被害者への謝罪は実現していない。これは韓国のみならずベトナム政府の方針，「過去にフタをして未来へ向かおう」とも結びついている。

本稿では，このように「国内政治からもたらされた規範の制度化」を中心に，加害者としての韓国で展開された対越政策を分析する。なぜ，2度目の政権交代にも関わらず，反省的姿勢を伴った対越政策が継承されたのか。金大中政権期を出発点としてその答えを探りたい。

1 先行研究・分析の枠組み

虐殺事件以降の韓越関係を国際政治学の観点から分析した研究は少ない。2000年以降，『国際政治論叢』（韓国国際政治学会）のうち，韓越関係を扱った論文は見当たらない。[3] 韓国では，ベトナム戦争に注目した歴史学者の分析（Park［2015］）や，ジャーナリストの取材（Koh［2015］）が主流となっている。

日本では近年，政治的理由で保守派メディアの虐殺事件への関心が高まっている一方で，戦争の記憶や韓国政府の認識を分析した研究が出ている。金栄鎬は，韓国政府の加害認識の欠如を論じる上で虐殺事件報道以降，日韓関係への認識や民主化が政策の展開に影響したとみる（金［2005］）。金の指摘は妥当と考えるが，両国関係が緊密化した背景への分析や，金大中への過小評価は補う必要がある。ベトナム史学者の伊藤は，虐殺事件を中心に展開された韓国とベトナムの対応を総合的に分析する（伊藤［2013］［2017］）。しかし，政権交代を超える「対越政策の連続性」はより鮮明になってきている。本稿では朴槿恵・文在寅政権も視野に入れ，両国関係のパターンを提示する。

本稿では，虐殺事件報道以降の韓越関係を理論的枠組みから捉えるため国際政治学の構成主義理論を用いる。構成主義理論は，軍事力や経済とい

った物質（現実主義）より理念や認識を重視する。利益（国益）の定義は与えられるものではなく，理念や認識，アイデンティティの相互作用の中で決められる（Klotz and Lynch［2007］）。韓国は大統領の権限が強いため（木村［2004］），大統領の世界観や認識が政策に反映されやすい。近年の「南北関係の改善」は典型例である。

　リーダーによる政策の変化（規範の形成・拡散）や政治色を超えた継承（制度化）は，構成主義理論から論じられてきた。マーサ・フィネモア（Martha Finnemore）は世界銀行の援助政策の変化を探る中で，総裁の交代が決定的であったと指摘する（Finnemore［1996］pp.89-127）。キャスリン・シッキンク（Kathryn Sikkink）によると，レーガン政権はカーター政権の「人権外交」を批判したにも関わらず継承する。緊迫した東欧情勢や人権規範の拡散で，人権が外交の主軸になる。規範の制度化により国益概念が変化したのである（Sikkink［1993］）。

　韓国でも似通った現象がみられる。「人権政府」を標榜した金大中政権に虐殺事件を否定する選択肢はなかった。この時期の路線は，保守派政権にもおおむね継承される。

　虐殺事件の「人道的性格」として提起したのは NGO やメディアである。規範の形成や内面化（制度化）をもたらす「規範起業家」に当てはまる（Finnemore and Sikkink［1998］）。彼らは「日韓関係における被害者アイデンティティの正当性」を訴えるためにも，「加害事実を認めよ」と政府の変化を促す。しかし彼らの影響力は進歩派政権に限られていた。

　現在の韓越関係は「不完全な和解」としても捉えられる。ベトナムの民主化によっては被害者の声が噴出する可能性があるが，それが「棚上げ状態」の継続とは限らない。ジェニファー・リンド（Jennifer Lind）は日韓や独仏関係における歴史問題を比較し韓国の民主化が決定的ではないとみる。謝罪より「記憶する努力が重要」と指摘する（Lind［2010］pp.4-20）。

　以下では，韓国でのベトナム戦争の意味合いの変化や虐殺事件報道以降の政治的変動，対越政策の成立や継承を「規範形成や制度化」の枠組みか

ら論じていく。

2 虐殺報道以前の対越政策——ベトナム戦争と枯葉剤問題

1 朴正煕政権とベトナム派兵

　韓国はベトナム戦争の当事者である。1965年からの8年間，派遣された韓国軍は延べ32万人に達し約5,000人が戦死した。費用は米軍に依存する一方で，現地での作戦権は韓国軍に与えられていた（Park［2014］）。朴泰均は派兵の理由について駐韓米軍の縮小防止や米韓同盟，反共思想を挙げている。当時，ジョンソン政権は駐韓米軍を大幅に減らす方針を立てていた。「日韓国交正常化」（1965年）への高まった批判を弱める狙いもあった。経済的要因は後付けの理由として登場する（Park［2015］25-46頁）。

　韓国では南北対立が激しくなったため反戦デモは起きなかった。1967年以後，南北間の軍事衝突が急増する。1968年1月には北朝鮮の工作員らの大統領府襲撃事件が起き，米情報収集艦プエブロ号が拿捕される。当時，ベトナム戦争の結果は「兵士の活躍」と「ベトナム特需」として述べられ，「派兵で経済発展を成し遂げた」といった認識が形成される（Park［2015］11頁）。

　異議を唱える声がなかったわけではない。野党政治家らは国会で派兵決定が条約や集団安全保障に依拠しておらず，中国の参戦可能性があるとの理由で反対した（『東亜日報』1965年1月26日）。敗戦が明確になった1972年10月，朴正煕は安保危機を口実に軍事独裁へと突き進む。

　ベトナム戦争は「忘れられた戦争」になる。米国を中心に民間人虐殺事件や元兵士らの枯葉剤被害が浮上するが，1980年にクーデターで成立した全斗煥政権は元兵士らの団体を弾圧する等，ベトナム戦争への議論をタブー視していた。

2 国交正常化と枯葉剤問題

1987年，民主化の成果として大統領直接選挙が復活するが，野党候補者の分裂で当選者は与党の盧泰愚であった。予想と異なり盧泰愚政権（1988-1993年）は，旧共産圏と積極的に国交正常化を推進する。ベトナムとは1992年12月22日に国交を樹立し，経済共同委員会や貿易協定の締結に合意する。李相玉外務部長官は「両国間に一時的に不幸な時期があったが克服し未来志向的な協力関係を発展させていく」と述べたが，戦争への直接的な言及は避けた（『東亜日報』同日付）。

民主化後，戦争の「負の遺産」として浮かび上がったのは「枯葉剤被害」である。1992年2月，韓国人の元兵士らはオーストラリアの韓国系元兵士から情報を得て被害を訴える。同月13日，『京郷新聞』は後遺症が疑われる元兵士団体の主張を載せ社会的反響を呼ぶ。メディアでは彼らの悲惨な状況が報道される中で，大統領選挙に出馬していた与党の金泳三は補償を約束する（金［2005］11-12頁）。「被害の戦争」として認識され，韓国では他国より枯葉剤被害が幅広く認められる（風間［2010］55-56頁）。

独裁残存勢力との連携で成立した金泳三政権（1993-1998年）は，ベトナム戦争認識が元兵士らに近い。それを示すのが「教育部長官の更迭劇」である。1995年5月，金淑喜長官は講演会でベトナム派兵を「傭兵」と発言し問題となる。金泳三は2日後に金淑喜を更迭する。新聞も一概に金淑喜を批判していた（金［2005］12-13頁）。

1996年11月，ベトナムを初訪問した金泳三は経済協力に重点を置いた。金は「二国間に困難だった時期もあったが，我々はいまや未来に向かって友好と協力の手を握った友邦になった」と述べるにとどまる（金［2005］11頁）。後に明らかになるが，金は元兵士らの反応を懸念しホーチミン廟への参拝も拒んだ。両国間の貿易規模は30位（15億ドル）にとどまっている（1998年）。金泳三政権は戦争を肯定する一方で，ベトナムに対しては特段の関心を示さなかった。

3　虐殺事件報道以降の対越政策——規範の形成と制度化過程

　本節では虐殺事件報道以降，韓国政府がどのように対処していくかを確認する。最初に政策をまとめた金大中政権の影響や，２度目の政権交代を飛び越える政策の継承が浮き彫りになる。その中で「加害者韓国」と「被害者ベトナム」の構図が構築されていく。

1　金大中政権（1998-2003年）——虐殺事件と新たな対越政策

　1998年２月，野党候補の金大中（1924-2009年）が大統領に就任する。金は，朴正煕政権による拉致事件（1973年）や，光州民主化運動を画策したという口実で受けた死刑判決（1981年）など軍部の被害者であった。

　金大中は若手政治家時代からベトナム戦争に否定的である。1965年１月25日，金は派兵の違憲可能性や南ベトナムの情勢悪化，費用面での高い米国依存（傭兵）を理由に反対意見を述べる（「国会会議録」第47回第６号）。1971年，野党の大統領候補だった金は「失敗したベトナム派兵を早急に終了させ戦争愛好国家の印象を払拭しよう」と主張する（『東亜日報』１月23日）。

　金大中の認識は1998年12月，ベトナムでの首脳会談で再確認される。金は「両国が不幸を経験した時期があった」と「遺憾」を伝える。ベトナムから求められた発言ではなく，ホーチミン廟にも韓国大統領として初めて参拝し献花した（Kim［2010］150-152頁）。これは虐殺事件が明るみに出る前のことで，金の発言は『外交白書（1999年）』にも載る。

　金大中は自ら「加害者」との和解を実践していた。就任直前，内乱や収賄罪で収監されていた全斗煥や盧泰愚を恩赦の対象とした。金は自伝で「被害者が加害者を許してからこそ真の和解が可能」と述べ，「憎悪に悩まされたがそれでも許すことにした」と述懐する（Kim［2010］18-19頁）。1994年のリー・クアンユーとの論争も象徴的である。リーは『Foreign

Affairs』（3・4月号）のインタビューで欧米との比較から秩序や安定を重視する「アジア的価値」を提唱する（Zakaria［1994］）。これに対し金は同誌11・12月号で，東洋の伝統にも民主主義的要素があり人権は普遍的であると反論する（Kim［1994］）。

　金大中政権が「人権政策」を推進したのも当然の帰結で，その産物が2001年に発足した「国家人権委員会」である（Kim［2010］422-429頁）。「事実上の死刑制度廃止国」になったのも同時期であるが，これは主に「国民国家内の人権問題」であり，外国人を被害者と想定したものではなかった。

　虐殺事件は新たな挑戦となる。1999年5月6日，週刊誌『ハンギョレ21』（256号）はベトナム通信員の具秀姫（元民主化運動家）が書いた告発記事（ベトナムの内部資料）を載せる。同年4月，具は「ピースボート」で同問題に接したNGO「ナワウリ（私と我々）」とともに調査に出る。ここで4人の僧侶が殺害されたリンソン寺事件が明らかになり，ビンディン省の博物館では「ビンアンの虐殺」に関する資料も入手する（伊藤［2013］21-23頁）。

　掲載当時は大きな反響はなかった。『ハンギョレ21』は9月以降，毎週特集を組む。生々しい証言とともに米兵が撮った現場の写真も入手し，それが社会的衝撃を与える。「枯葉剤の被害者」と位置付けられていた元兵士が「加害者」へと変わった瞬間である。数百〜数千人の犠牲者がいるとされる（Koh［2015］）。

　反応は二つに分かれた。進歩派勢力は「謝罪すべき」と声を上げる。1999年には朝鮮戦争時の米軍の民間人虐殺事件（老斤里事件）が公になり，注目を浴びていた。慰安婦団体の活動も本格化していたため，進歩派勢力は「米国と日本に謝罪を促すためにも被害者に謝罪すべき」と訴える（Kim［2002］274頁）。元慰安婦らもキャンペーンに参加する。『ハンギョレ21』は「平和記念公園建設」を目標に募金活動を始める。

　他方で元兵士らは激しく反発する。「ハンギョレ新聞社襲撃事件」が代

表的である。2000年6月27日，「大韓民国枯葉剤後遺疑症戦友会」（枯葉剤戦友会）の会員2,200人あまりが社屋に侵入し器物を破壊した。枯葉剤戦友会はその後，保守派勢力に近づいていく。

　金大中政権は対応に追われる。『ハンギョレ21』の世論調査（2000年1月6日）で，77.9%が「謝罪と補償が必要」と答えたのも看過できなかった。国防部はベトナムの資料や米国のレポートの分析を始める。12月，民主化運動と南北関係改善でノーベル平和賞を受賞した金に，無視する選択肢はなかった。「加害者側」が虐殺事件を掘り起こしたことに対し，ベトナム政府はむしろ当惑していた。ベトナムの基本方針は「過去にフタをして未来へ向かおう」で米国にも補償を要求していない。現地でも募金運動が計画されるが，政府の介入により中止になる（伊藤［2013］75-79頁）。経済的協力への妨げになる可能性やベトナム内部の戦争認識の差（南北地域間の差）が理由として挙げられる。

　2001年8月，金大中はチャン・ドゥック・ルオン主席を国賓として招待し，首脳会談を行う。金は派兵に対し「本意でなくベトナム国民に苦痛を与えたことを申し訳なく思う」と述べた。「一度の謝罪で終わる問題ではない」とも付け加える（『ハンギョレ』8月24日）。3年前より踏み込んだいわば「謝罪発言」である。ODAによる病院建設計画も提案する。ベトナム側は「未来志向」を述べるにとどめた。「21世紀包括的同伴者関係」の構築や経済協力の促進にも合意した（『外交白書（2002年）』）。

　金栄鎬は，過去の発言を根拠に以前の金大中に「加害認識」がみられないとし市民団体の役割を重視するが（金［2005］15頁），金大中自らが独裁勢力との和解を実践した点も考慮すべきである。この会談自体，金大中の招待で実現した。保守派勢力は反発する。首脳会談の2日後，朴槿恵ハンナラ党副総裁が「参戦勇士たちの名誉を傷つけた」と非難したのも後の変化を勘案すると注目に値する。

　金大中政権は韓国内の枯葉剤被害者への支援を拡大するものの，戦争を肯定する政策はとらなかった。ベトナムに対しては，加害者としての反省

的姿勢と積極的経済路線がセットになる。これは金本人の意図が色濃く反映された結果である（Kim［2010］152頁）。この路線は以後，政治色に関係なく継承される。

2 盧武鉉政権（2003-2008年）――制度化していく対越政策

盧武鉉政権は金大中政権の継承を掲げていた。人権政策や歴史清算問題に積極的に取り組み多くの進展をみる一方で，ベトナムとの経済的緊密化も顕著になる。

盧武鉉（1945-2009年）は青年期，反独裁とは無縁の人物であったが，弁護士になった後の1980年代，学生運動家らに出会い変化する。当時の必読書『転換時代の論理』等を弁論のために読み漁る（Roh［2010］88頁）。『転換時代の論理』の著者，李泳禧は同書で，ベトナム戦争の不当性を批判している（Lee［2006］354-451頁）。

2004年10月，盧武鉉はハノイでの首脳会談で「韓国国民は『心の負債』がある。そのためでもベトナムの成功を切実に望んでいる」と述べた。最初の日程はホーチミン廟での参拝と献花であった。足が不便という理由で入口までしか行けなかった金大中と異なり，盧は中で見学する（『韓国日報』10月12日）。

盧武鉉政権はこういった姿勢の上で，経済協力中心の対越政策を展開する（『外交白書（2008年）』）。通貨危機から抜け出したため，政府支援の下で大企業の現地進出も活発になっていく。2008年には両国の貿易規模が21位（98億ドル）になる。サムスンがベトナムを生産拠点と検討したのも2007年であり，10年後サムスン現地法人はベトナム輸出額の25.3%（2,140億ドル）を占めている（『中央日報』2018年3月22日）。ODAも増大していき，旧韓国軍駐屯地には病院建設が推進される。2003年1月には『ハンギョレ21』の主導で「韓ベ平和公園」が完成する[4]。

盧武鉉政権が直面したイラク戦争への派兵問題も注目に値する。2003年6月，盧武鉉政権は米国の派兵要求を受けていたが，進歩派勢力が激しく

反対したため，ベトナム戦争を連想させないように注意を払う。保守派は正反対の立場で，ベトナム戦争とイラク戦争をリンケージする戦略（経済的利益）をとっていた（Park［2015］327頁）。非戦闘地域への3,000人規模の派兵が決定されるが，盧は後に自伝で「正しくない選択として歴史に記録されるだろう」と述懐する（Roh［2010］245頁）。

　両進歩派政権を経て対越政策の枠組みが構築される。「反省や尊重」の発言や姿勢と，「経済協力」を深める路線がそれである。ベトナム側も韓国から形成された政策（規範）に接し，「被害・加害」の構図を明確に捉え始める。それまでなかった韓国の戦争認識への批判が李明博政権期に初めて公になる。

3　李明博政権（2008-2013年）──政権交代を飛び越えた対越政策

　保守派の李明博政権は政権交代後，進歩派からの脱皮を明言する。進歩派政権期を「失われた10年」と規定する。南北関係は対立へと転換し，2011年には天安号沈没事件（3月）や延坪島砲撃事件（11月）が起きる。人権政策に対しても見直し作業が相次いだ。

　ゼネコン（現代建設）出身の李明博（1941年-）は「ビジネス・フレンドリー」をスローガンとし，外交構想として「新アジア協力外交」を掲げる。東南・中央アジアやインド，豪州等との経済や安保，文化分野での協力を推進する（Lee［2015］224頁）。しかし，その構想でベトナムは重視されていなかった。

　そうした中で「国家有功者法問題」が起きる。2009年10月，国家報勲処（援護政策担当）は，「国家有功者礼遇及び支援に関する法律」の改正案でベトナム戦争参戦者を朝鮮戦争参戦者と同列に優遇する文言（「世界平和維持に貢献したベトナム戦争有功者」）を盛り込んだ。これに対し，ベトナム側は強く抗議してくる（風間［2010］51頁）。

　当時，現地取材をしていた「聯合ニュース」によると，あるベトナム政府当局者は「我々が派兵を問題視しなかったにもかかわらず，参戦を『世

界平和維持に貢献』とした。ベトナムが平和を破壊する存在なのか」と憤った。ベトナムは外交ルートで抗議したが反応がなかったため，2009年10月末に予定されていた首脳会談を取りやめる可能性を示唆する（「聯合ニュース」2015年4月29日）。

　驚いた李明博は急遽，外務部長官を派遣し文言の削除を約束する。「ベトナム戦争」が抜け「世界平和に貢献した有功者」という曖昧な表現に変わった。「戦争認識」が問われたのである。伊藤はベトナムの反発について，政権の中心人物が参戦者で，文言が誇りやアイデンティティに抵触したと指摘する（伊藤［2013］190頁）。しかし，ベトナム政府の抗議は進歩派政権の対越政策を抜きにしては説明し難い。「被害・加害」の構図で韓国から制度化した規範が両国のアイデンティティに影響したのである。ベトナム側が韓国の「靖国問題」への反応を例に挙げたのもその証拠である（『朝日新聞』2010年1月6日）。

　「被害者」としてのベトナムを突き付けられた李明博政権は，行動を切り替える。10月20日，李は現地メディアとの会見で「ベトナム国民に尊敬と敬意を表する」と言い，「ホーチミン主席は，歴史は人を輝かしい玉にすると仰った。全く同感だ」と称賛する（『中央日報』10月21日）。側近から反対されたホーチミン廟への参拝も強行し，ベトナム主席に対して李は「私に任せてくれ。ベトナム国民が懸念しないように解決する」とまでいった（『中央日報』10月23日）。晩餐会では両国が「兄弟の関係」と呼ばれた（Lee［2015］233頁）。

　李の発言や行動は前例を踏襲したものである。保守派勢力の認識とは相いれないもので一時的な不満も出た。両国関係は「戦略的協力同伴者関係」へと格上げされる。前例の踏襲が「妥協材料」となった。経済協力も加速化し，自由貿易協定（FTA）の締結を目標とした共同作業チームが発足する。2013年，ベトナムは韓国の『外交白書』の東南アジア項目で初めて最初に登場する。同年，両国の貿易規模はインドネシアを抜き9位（282億ドル）になり，2015年には累計直接投資額で韓国（451億ドル）は日

本（389億ドル）を超す。

伊藤は当時のベトナムで中韓政府の姿勢の差が鮮明にみられたと伝えている。領土問題で反中デモが拡散する中でも，高圧的だった中国と沈静化に乗り出した韓国の姿勢が対比され，後者が評価された。国家有功者問題は過去と同様に現地で報道されなかった（伊藤［2013］189-191頁）。後任の朴槿恵は父が派兵決定の当事者だった点から，問題をより複雑にする余地があったが，朴政権も以前の路線から抜け出さず対越政策を継承する。

4 朴槿恵政権（2013-2017年）——規範の制度化からの制約

朴槿恵政権は，緊密化した経済協力の中で大統領の戦争認識が注目されたが，問題は起きなかった。朴槿恵（1952年-）は派兵を主導した朴正熙の娘で，金大中の対越政策にも強く反発した人物である。朴槿恵は数回にわたり枯葉剤戦友会の集会に参加し，2007年には「参戦勇士として世界平和はもちろん大韓民国の経済発展にも寄与した」と発言し拍手喝采を受けた。2011年には唯一の政治家として招待される。

しかし，2013年9月8日，朴槿恵が最初に選んだ東南アジアの訪問先はベトナムであった。「韓国経済の新成長動力源としてのASEANは非常に重要」との理由であった（『外交白書（2014年）』）。ベトナムの元高官は「朴正熙の娘であるからこそ訪越の意味は大きい」という反応を示す（「聯合ニュース」9月7日）。朴は特別な発言は避けたものの，北ベトナムの統治者，ホーチミン廟に参詣し居所を見学する。位牌への黙祷もした。これは，自らがかつて批判した金大中の参拝と同様の形式で，ベトナム側は集団指導体制下の主席や総理，書記長，国会議長がともに会談する異例の歓待を施した（『ハンギョレ』9月9日）。

保守色の強い朴槿恵政権も，制度化した規範（尊重の姿勢と経済協力）から逸脱することは困難であった。2014年10月，朴はベトナム共産党書記長との会談で「北朝鮮がベトナムと同じ道を歩むように協力してほしい」と述べる。「ベトナムモデル」を肯定的にとらえ北朝鮮の変化を促した

（『外交白書（2015年）』）。

　ところが，2016年に朴槿恵は2回にわたり国内情勢を「越南（南ベトナム）敗亡」と関連付け，波紋を呼ぶ。1月13日の演説で朴は安保と経済が危機に陥っているとし，「越南の知識人たちは聞く耳を持っていなかったし，国民も政治に無関心で政治家は黙っていた」と批判した。同様の発言は6月29日にも出る。現在のベトナム政府とは直接関連したものではなかったが，戦争認識を指摘する進歩派メディアもあった（『ハンギョレ』1月15日）。一連の発言は，ホーチミン廟への参拝や献花が「認識の転換」からもたらされたものではないことを示す。枯葉剤戦友会を裏で支援しデモに動員したことも弾劾後に明らかになる。

　ここで再確認されるのは，ベトナムに対する尊重の姿勢と緊密化した経済関係が切り離せないほど制度化したことである。朴槿恵政権後，進歩派への2度目の政権交代はそれまでの制度化の総合版として継承される。

5　文在寅政権（2017年-）──鮮明になった規範の枠組み

　2017年，弾劾裁判後の大統領選挙（5月）で，進歩派の文在寅政権が誕生する。文在寅（1952年-）は，盧武鉉とともに活動した人権派弁護士である。本人も大学生時代，『転換時代の論理』を読み衝撃を受ける。「ベトナム戦争の不道徳性，帝国主義的な戦争の性格，米国内の反戦運動」を知ったと述べている（Moon［2011］131-132頁）。

　文在寅政権は「新南方政策」を掲げる。対米・対中依存から脱皮し，経済協力やODA，安保協力に焦点を当てた政策である。ASEAN諸国とインドを包括する幅広い地域構想である（『外交白書（2018年）』）。その一環として，就任直後にソウル市長を初めてのASEAN特使としてベトナムやインドネシア等に派遣する。2018年8月には「新南方政策特別委員会」も発足する。それまで「南方政策」はなかったが，位置付けを「新たに」するという意味で命名された（Ok［2019］）。ベトナムはほぼ唯一の「核心的な協力国」と位置付けられる。2017年，両国の貿易規模は中国・米国・

日本に次ぎ4位（819億ドル）になっていた。

　しかし，文在寅政権は初期からベトナムの抗議に直面する。2017年6月6日，独立運動家や戦没者を追悼する「顕忠日」の演説で「ベトナム参戦勇士の献身と犠牲を基に祖国の経済が蘇った」と述べたのに対し，ベトナムが「わが国民を傷つけ友好・協力関係に否定的影響を及ぼす」と反発した（「聯合ニュース」6月13日）[7]。外交部は14日「国家の命令により献身した軍人を適切に処遇するという趣旨」と釈明に追われる。ベトナム現地では発言が批判的に報じられる異例の事態が起こった。ベトナム政府は抗議声明も出したが，韓国政府の釈明により問題は沈静化していく（『韓国日報』6月15日）。

　この事件は，進歩派政権に期待していたベトナム側が失望を伝えると同時に，問題の再燃を未然に防ぐための措置であったと考えられる。虐殺事件が初めてベトナムで報道されたときと同様に，政府の介入が間に合わなかった可能性もある[8]。いずれにせよ，ベトナムの生々しい感情に接した文は「心の負債」や「遺憾表明」を述べるようになる。

　2017年11月，訪越した文はホーチミン市で開かれた催しの祝電映像を通じ，「韓国はベトナムに対し『心の負債』を負っている」と述べる。盧武鉉の発言を継承したものである。訪越前に文ははっきりとした謝罪にこだわり，場所も支援事業で建てられた病院が有力視されていたが，外交部や参謀らの助言で変更された（『中央日報』11月15日）。

　保守派野党の態度も以前とはやや変わっていた。文在寅の発言に対し，野党の報道官は「意味ある戦争で韓国軍は勇気をもって戦った」と批判する一方で，「一部の民間人の犠牲があったならば人権の側面で謝罪することには反対しない」と余地を残した。これは保守派政権の「本気度」が問われる内容であるが，それでも新たな規範を受容したことを示す。

　2018年3月，再び訪越した文は首脳会談で「我々の心に残っている両国の不幸な歴史について遺憾の意を表する」と発言する。今回も謝罪が用意されていたが，ベトナム政府が内部対立を懸念し難色を示した。折り合っ

た表現が「遺憾の表明」である（『ハンギョレ』3月22日）。ホーチミン廟を訪れた文は「偉大なる人物」と称賛する。具秀妊によると，遺憾表明は現地で報道されなかった（『中央日報』4月14日）。このような消極姿勢や報道規制を考えると，「顕忠日演説」への批判がどこまでベトナム側の真意だったかは不明である。

　2018年8月，枯葉剤戦友会の幹部らは保守派政権時の不正問題で起訴され，元会長は1審懲役8年の重刑を受ける。襲撃事件を経験した『ハンギョレ21』は枯葉剤戦友会の新たな不正を暴く連載記事を載せる。文の踏み込んだ発言が可能だったもう一つの背景である。

　文在寅政権は対越政策から形成された規範を継承し，より踏み込んだ形での制度化（「新南方政策」）を試みている。途上国に対しては異例のベトナム人へのビザ取得の簡素化も実施した。ベトナムは制度化した規範の枠組みで反応するようになっている。これは虐殺報道以降，両国間で構築された「パターン」でもある。

　おわりに

　韓国の対越政策における規範の制度化を「三つの様相」でまとめたい。①「加害者」としての認識，②「被害者」を配慮する姿勢，③緊密化した経済協力がそれである。

　第一に韓国政府は，政治路線に関係なく加害者の立場を意識しベトナムを尊重するようになった。保守派政権では元の戦争認識が封印される。その表れが，第二の様相であるベトナムやホーチミンに対する反省や尊敬の表現である。第三の様相は，経済協力の緊密化である。両国の経済協力が本格化したのは盧武鉉政権期である。金大中は自伝で，莫大な苦痛や犠牲を強いられたベトナムが歴史ではなく経済にこだわることについて「いろいろ考えさせられた」と述べている（Kim［2010］152頁）。そうした「うしろめたさ」，すなわち「ベトナムの犠牲の上で経済発展した」という進

歩派の認識が経済協力の最初の出発点となった。

　ところが，韓国政府は依然と真相究明には誠意をもって対処していない。虐殺を明示的に認めたこともない。ベトナム側も虐殺事件に対しては慎重姿勢を続けているが，この問題が永遠に棚上げにされるとは限らない。2020年4月，虐殺事件の生存者らが，市民団体の支援で起こした国賠訴訟では政府の対応が問われる可能性が高い。

　ベトナムが民主化や姿勢の転換等で真相究明を要求した場合，どのような展開になるであろうか。韓国に進歩派政権が樹立しているならば，調査に乗り出す可能性がある。戦争への批判的認識や枯葉剤戦友会の失態は調査や謝罪のハードルを下げる要因である。もともと，謝罪を求める市民団体が支持基盤であることも重要である。他方で保守派政権の場合には様相が異なってくる。ベトナム戦争に好意的な人々や元軍人が支持基盤であるからである。にもかかわらず，前例（規範）や経済協力を考え「妥協案」を提示する可能性がある。ただし，完全なる調査や和解よりも金銭的補償が提示されると考える。いずれにせよ，もはや韓国が対越関係で「加害者の政治学」から抜け出すことはできない。この点を考慮し前向きな対応策を用意すべきである。

注
1　「戦略的協力同伴者関係」は韓国外交において同盟関係（米国のみ）を除くと最高の位置付けである。
2　韓国貿易協会（http://stat.kita.net/，国内統計項目，以下，2020年8月31日にアクセス確認）。
3　韓国国際政治学会（https://kaisnet.or.kr/45#）。
4　この公園は現地の両国関係者のコミュニケーション問題や管理能力の不足で現在は放置されている。
5　YouTube動画（https://youtu.be/h2QNMsbzo5s）。
6　「大韓民国政策ブリーフィング」（http://www.korea.kr/news/policyNewsView.do?newsId =148866430）。
7　興味深いのは朴槿恵が「顕忠日」の演説で一度もベトナム戦争に触れ

なかった点である。

8　ベトナムでは中国と違い欧米系の SNS の利用が遮断されていない。伊藤（[2017]）もベトナムのメディアや SNS 上での活動がある程度，保障されていると伝えている。

参 考 文 献

Berger, Thomas U. [2012], *War Guilt and World Politics after World War II*, New York: Cambridge University Press.

Finnemore, Martha [1996], *National Interests in International Society*, New York: Cornell University Press.

Finnemore, Martha and Sikkink, Kathryn [1998], "International Norm Dynamics and Political Change," *International Organization*, 52(4).

Katzenstein, Peter J. [1996], "Introduction: Alternative Perspectives on National Security," in *The Culture of National Security*, eds., Katzenstein, Peter J., New York: Columbia University Press.

Kim, Dae Jung [1994], "Is Culture Destiny? The Myth of Asia's Anti-Democratic Values," *Foreign Policy*, 73(6).

Klotz, Audie and Lynch Cecelia [2007], *Strategies for Research in Constructivist International Relations*, New York: Routledge.

Lind, Jennifer [2010], *Sorry States: Apologies in International Politics*, New York: Cornell University Press.

Sikkink, Kathryn [1993], "The Power of Principled Ideas: Human Rights Policies in the United States and Western Europe," in *Ideas & Foreign Policy: Beliefs, Institutions, and Political Change*, eds., Goldstein, Judith and Keohane, Robert O., New York: Cornell University Press.

Zakaria, Fareed [1994], "A Conversation with Lee Kuan Yew," *Foreign Affairs*, 73(2).

伊藤正子 [2013]，『戦争記憶の政治学——韓国軍によるベトナム人戦時虐殺問題と和解への道』平凡社。

伊藤正子 [2017]，「韓国軍によるベトナム人戦時虐殺問題」『アジア研究』（アジア政経学会）63巻3号。

風間千秋 [2010]，「韓国のベトナム戦争参戦に対する認識の変化——韓国政府の認識の変化を中心に」『韓国研究センター年報』（九州大学）10巻。

金栄鎬 [2005]，「韓国のベトナム戦争の『記憶』——加害の忘却・想起の変容とナショナリズム」『広島国際研究』（広島市立大学）11巻。

木宮正［2014］、「序論　政権交代と外交」『国際政治』（日本国際政治学会）第177号。

木村幹［2004］、「韓国における大統領中心制の定着――『民主化』と文化の関係を考える手がかりとして」『京都大学大学院法学研究科シンポジウム発表論文』。

Kim, Daejung（김대중）［2010］、『김대중 자서전 2（金大中自伝 2）』삼인.

Kim, Hyunah（김현아）［2002］、『전쟁의 기억 기억의 전쟁（戦争の記憶 記憶の戦争）』책갈피.

Koh, Kyoungtae（고경태）［2015］、『1968년 2월 12일（1968年 2月12日）』한겨레출판.

Lee, Myungbak（이명박）［2015］、「대통령의 시간（大統領の時間）」알에이치코리아（「YES24」の EBOOK にて確認）.

Lee, Younghee（리영희）［2006］、『전환시대의 논리（転換時代の論理）』창비.

Moon, Jaein（문재인）［2011］、『문재인의 운명（文在寅の運命）』가교출판.

Ok, Changjoon（옥창준）［2019］、「남방정책의 계보학（南方政策の系譜学）」『황해문화』104.

Park, Taekyun（박태균）［2014］、「파병 50주년에 되돌아보는 베트남 전쟁과 한국군 파병（派兵50周年に振りかえるベトナム戦争と韓国軍派兵）」『시민과세계』25.

Park, Taekyun（박태균）［2015］、『베트남전쟁（ベトナム戦争）』한겨레출판.

Roh, Muhyun（노무현）［2010］、『운명이다（運命である）』돌베개.

※（　）内は著者訳。

［一橋大学大学院生＝東アジア国際政治，構成主義理論］

「地域」と「市民」から読んだ平和学の 3 冊

佐藤幸男・森川裕二・中山賢司編『〈周縁〉からの平和学──アジアを見
　る新たな視座』昭和堂，2019年
多賀秀敏編著『平和学から世界を見る』成文堂，2020年
稲正樹・中村睦男・水島朝穂編『平和憲法とともに──深瀬忠一の人と学
　問』新教出版社，2020年

勝俣　誠

多様な平和学の地平 3 冊

　この 3 冊の本の一括書評を依頼されたとき，一瞬私はためらった。第一
の理由は 3 冊の本はいずれも単著でなく，平和研究者が実に多様なテーマ
を扱っていて多くの執筆者がいることだ。『〈周縁〉からの平和学──アジ
アを見る新たな視座』は16名，『平和学から世界を見る』は21名，『平和憲
法とともに──深瀬忠一の人と学問』は27名である。もう一つの理由は，
これらの本のアプローチはいずれも異なっていることだ。『〈周縁〉からの
平和学──アジアを見る新たな視座』は政治学，『平和学から世界を見る』
は国際関係論が中心で，『平和憲法とともに──深瀬忠一の人と学問』は
憲法学だ。そして評者の私は国際政治経済学とアフリカ地域研究の学徒で
ある。

　ではなぜこうした自分の専門分野とは異なる領域の書籍をしかも 3 冊ま
とめて書評として引き受けたのか？　それはこれらの執筆者も私のような
本学会会員も平和・非暴力という価値を共有しつつ，異なる学問諸領域の

会員が学び合い，発信するアソシエーションのメンバーだからだ。

　こうした私の基本的スタンスを踏まえて，この３冊を主として各国間の武力紛争を回避するための「地域」と「市民」という二つのキーワードから特に印象に残った論考をとりあげたい。その順序は主要編者及び追悼論文の対象者の名前の「あいうえお順」に従った。

「南」からの平和学

　まずは『〈周縁〉からの平和学──アジアを見る新たな視座』である。編者の一人佐藤幸男会員は「本書の目的は，時代とともに変容する「平和」を〈周縁〉と〈アジア〉から概説することである」として，「21世紀を視野に，西洋・非西洋を問わず既存の学知を問い返し，〈周辺〉と〈アジア〉から「近代科学のリロケーション」，「国家の枠組みを突き破る秩序の文法」を考察する」（ⅰ頁）としている。

　では平和学において，この課題設定はどんな意義があるのであろうか？政治学者の佐藤会員によれば，本書の「はじめに」において，二つの根拠を挙げている。第一に「権力の客体の視座で用いられてきた〈中心・周辺〉という歴史的な，物理的な静態的概念」に対して，〈周縁〉の社会的弱者，被抑圧者，少数者たちに注目した「変動する動態的概念」を対置し，〈周縁〉の主体性こそ平和学の起点としている点である。

　第二はこの〈周縁〉からの平和学アプローチとして，〈周辺〉を生む社会的な構造とその社会構造を変革しようとする〈周縁〉の主体性の小さな力学の両者に注目していることである。

　この壮大な狙いを最も前面に出して濃厚に論じているのが同じ佐藤会員による序章「日本の平和研究とアジア──「日本問題」から世界の核心へ」である。本論考に私は二つのメッセージを読んだ。一つは世界の大国が織りなす覇権政治には世界システムという国家と国境を越えた力関係が作動し，そこから生まれる従属と収奪は「南」の世界を形成しているというインターナショナルというよりグローバルな見取り図が平和研究には必

要であるというメッセージである。もう一つは，この地球規模の不正義との闘いの中からより人間的な世界秩序の展望を見出すために，日本での平和研究は足元の日本国内と東アジア隣国・地域に歴史的弱者の目線とその抵抗・闘いを「日本問題」として解読することこそ私たちの平和研究の時代的課題であるというメッセージである。これらのメッセージは私には平和研究と安全保障研究の違いのように思えた。安全保障研究は海外投資先の自社のリスクを評価し，会社が損しないようにするカントリーリスク・アプローチと似て，もっぱら自国政府から世界を俯瞰して「リアルポリティックス」という一見わかりやすい硬質な下敷きで自国だけは損しないためにはどうふるまうかという政策的帰結を探ることである。これに対して，平和研究は冒頭に挙げた平和・非暴力という価値を知の構築の上位規範として設定し，国境を越えて何よりも小さき者，弱者の尊厳の回復やこれらの人々を生む諸条件を探ることが狙いである。

　そしてこの世界の底辺からの多様な形態をとる小さき人々の声に謙虚に耳を傾けると見えてくる平和のカタチは専らワシントン発の戦後リベラル・デモクラシー秩序に依拠していればなんとか日本は安泰であるというスマートな知的文化とは異なり，雑多な，泥臭い，しかし生き生きとした「南」発の叫びによってつくられる未完の生存プロジェクトである。

　この「南」の復権作業を本章では「第三世界リターンズ」と呼んでいる。1970年代初頭の資源ナショナリズムを背景とした「南」発の「新国際経済秩序」が中国を除く「南」の開放政策で崩壊して半世紀，もう一度グローバル経済の下での「南」の復権運動に注目すべきという本章のメッセージに私は大いに共感した。と同時に，21世紀の「南」の復権運動はその多様な生産や生活の仕方を未曽有の速度と地理的拡大で再編していくグローバル資本主義のダイナミズムを解読し，そこから生まれる反格差と反暴力の地域民衆運動に学び，新たな南北関係を探る知的作業と切り離せないだろう。これは優れて私の平和と非暴力に立った国際政治経済学の課題でもある。

世界を平和学から考える

『平和学から世界を見る』は編著者多賀秀敏会員の大学での全学向け特別講義「広島・長崎講座　21世紀世界における戦争と平和」での多様なバックグラウンドを持つ講師陣の執筆からなっている。多賀会員によれば，従来の平和学は二つの世界大戦を経験した人類がいかに戦争を避けるかという問に集中してきたが，1968年の第2回国際平和研究学会でのスガタ・ダスグプタによるピースレスという概念によって平和学のパラダイム・チェンジが起きたとする。このインドの研究者によれば，戦争の無い状態を平和とみなすのではなく，ピースレス状態というというインドのような「南」社会が直面する貧困，格差，開発，人権，環境といった領域まで研究対象を広げるべき主張して以来平和学の地平が新たに広がったのである。多賀会員はさらに平和の対語としての暴力という概念を新たに導入して，有名な構造的暴力や積極的平和という表現を広めた平和学の領域を豊かにしたヨハン・ガルトゥングを高く評価している。

こうした平和研究の範囲と分析手法は今や研究者の間で広く共有されているが，本書の特徴はこうした平和学の方向を踏まえて構成された執筆者の多様なバックグラウンドと対象地域にある。大学などの専従研究者のみでなく，自治体の首長やNGOのリーダナーなどがロシア，ヴェトナム，コソボ，コスタリカ，東ティモール，アフガニスタン，アラブ諸国，パキスタン，東アジア諸国と中高時代に使った地理の地図帳を何度も参照しなければならなかったぐらいだ。こうした課題もその対象となる地理的歴史的条件も多様を極める本書をまとめて論じることは難しいので，ここでは私にとって特に印象に残った論考を三つだけ紹介しておきたい。第一は第5章の福田忠弘会員の「ベトナム戦争と枯葉剤被害——第三世代にまで影響するダイオキシン汚染」で戦争に投入される破壊と殺傷を狙いとする技術・武器が世代を超えて対象となった人々の身体（ここではベトナムの民間人や米国兵士）に取り返しのつかない機能障害を及ぼし続けているという報告である。国際政治の力学を分析するにあたり，もっぱら大国の首都

の政策決定者の目線で，相手に与えうる抑止力の効用の有無や規模・性格といった論議で展開するのに対して，枯葉剤被害報告は，投入されたハイテク財の身体的，遺伝子的被害は確実に被ったが，声は上げにくい小さき当事者に寄り添おうとする目線で戦争という暴力を考えさせている[1]。このハイポリティックスによる当事者不在の「戦争と平和」論の時代的限界をやはり教えてくれた論考として，第13章の秋葉忠利氏の「ヒロシマの心を世界に」も挙げなければならない。ヒロシマを論じることは「被爆者たちの生活史を人類史の一環として位置付け，私たちの目標である核兵器の廃絶を実現する上での障害を乗り越える知恵創りに，そして核兵器廃絶後の世界の展望についての展望につながる」（222頁）という広島市発の平和政策論は明快かつ説得力がある。これは「日本は，唯一の戦争被爆国として，「核兵器のない世界」の実現に向け，国際社会の取組をリードしていく責務がある」という高貴な掛け声で，結局は「北朝鮮のように核兵器の使用をほのめかす相手に対しては通常兵器だけでは抑止を効かせることは困難であるため，日米同盟の下で核兵器を有する米国の抑止力を維持することが必要です」（外交青書〔2018年〕）といった霞が関・永田町発の東アジアの歴史的文脈の中での近隣信頼醸成外交を怠り，もっぱら1万キロ離れた太平洋の対岸首都の動向を伺う知的劣化から生まれた「平和政策」と対照的である。

　三つ目は谷山博史氏の第8章の「作られる戦争と構造的暴力にいかに抗うか――戦争と開発の現場から問う平和の課題」だ。アジアやアフリカという南の地域での貧困や紛争問題に取り組んできた国際NGOのスタッフの谷山会員はよそからの脅威を排除するための武力行使は仕方がないという「脅威の言説に決定的にかけているのは紛争・戦争の現場のリアリティー」（125頁）から戦争と平和の条件を探っている行動する市民による力強い構造的暴力論である。例えば2001年の米国主導の空爆によるタリバン政権崩壊から20年近くたとうとしている今日（2020年現在）米国は結局タリバン勢力と交渉せざるを得なくなり，振出しに戻った。そもそもこの「反

テロ戦争」として正当化されたタリバン攻撃はタリバン政権との外交努力によって回避できたのでないかという検証作業は必要であると同時に，本章が教えてくれるのは紛争地域における草の根からの平和イニシアチブの可能性である。

　北海道発の平和学とその実践

　『平和憲法とともに——深瀬忠一の人と学問』は「憲法の平和主義研究に生涯を捧げた深瀬忠一（1927-2015）の憲法学の特質，憲法裁判への貢献，その人となりとキリスト者としての信仰を，世に広く紹介するため」に刊行された3名の憲法学者の共編からなる本である。21章にも及ぶ憲法学からの論考を中心とした本書はいずれも教えられる点が多かったが，紙面の関係上二つのみをやはり「市民」と「地域」というキーワードから言及しておきたい。一つは第9章の酪農家で恵庭事件元被告の野崎健美氏による「深瀬教授と恵庭裁判——恵庭のたたかい（平和に生きる権利と不断の努力）とその応用」である。この章には2人の平和運動家が登場する。一人は戦後の新制中学制時代に「あたらしい憲法の話」を読んで，「そうか，政府は放っておくと戦争をするのか」（144頁）という予感を大切にし，自衛隊の演習による生活・生産活動の支障に非暴力・非服従で抗議した恵庭の酪農家である。もう一人はこの「事件」を憲法上「平和に生きる権利」として被告兄弟を法廷で弁護した札幌にある大学の深瀬教授である。この2人の日本国民・市民による北海道発の基本的人権への不朽の感動的とさえ言える闘いは非戦・非暴力の闘い方を教えてくれている。

　この地域の大学とキリスト教会と農牧地から生まれた「平和的生存権」に関連して，第15章の笹本潤会員による「平和的生存権——国連でどのように議論されてきたか」では，深瀬憲法思想を国連のような国際アリーナで発信・共有・発展すべきかが手際よくまとめられている。そこでは9条という全人類的アセットを大切にできる世界を目指すために，考え，行動するというミッションが明示されている。[2]

すべての大学に平和学を

　以上，３冊の平和学の書籍を一気にまとめて紹介したが，最後にこれら
の本の執筆者の何人かが指摘するように平和研究の成果は広く授業や国
内・国際の市民社会でも共有・討議できる平和教育カリキュラムの拡充も
流動化する国際情勢の中で火急の課題だと思われる。例えば広島市・長崎
市・広島平和文化センターは今日まで，国内51大学，海外24大学の講座を
「広島・長崎講座」として認定している[3]。さらに「平和学から世界を見る」
の多賀秀敏会員はこれらの講座を「特別講義枠」でなく通常カリキュラム
として制度化すべきではないかと冒頭で提言している[4]。「すべての大学に
平和学を」と確信したくなる３冊である。

　注
　1　この戦争技術そのものが持つ暴力性に関して，沖縄などの在日米軍基
　　　地で見いだされているダイオキシンや核物質による高濃度汚染調査報告
　　　については，明治学院大学国際平和研究所研究員のジョン・ミッチェル，
　　　『追跡　日米地位協定と基地公害「太平洋のゴミ捨て場」と呼ばれて』，
　　　2018年，岩波書店，を参照。
　2　国連の国際デーに関して，国連総会は2017年12月８日アルジェリアの
　　　NGO のイニシアチブで悪化する西アジアの国際情勢を背景に，毎月５月
　　　16日を「平和で共に暮らそう」デーとすることを採択した（総会決議
　　　72/130）。http://www.un.org/en/events/livinginpeace/（2020年12月11
　　　日最終再閲覧）
　3　広島平和文化センター HP（閲覧日：2020年11月29日）
　4　自己宣伝になってはいけないが，私の職場であった明治学院大学では
　　　高原孝生会員などの尽力で国際学部では平和研究コース，全学では「現
　　　代平和研究１から３（それぞれ，「広島・長崎講座」「広島・長崎講座２」
　　　〔2004年開講〕，「明学赤十字講座」〔2016年開講〕）」がカリキュラムとし
　　　て制度化している。

〔明治学院大学名誉教授＝国際政治経済学〕

現代国際社会における刑事裁判の形

**下谷内奈緒『国際刑事裁判の政治学──平和と正義をめぐるディレンマ』
岩波書店, 2019年**

小阪 真也

　国際社会で行われる刑事裁判は，正義の追求という「理想」を分権的な国際社会の構造という「現実」の中で行うという点で本質的な困難を抱えた営為である。ある人権侵害を行った者を等しく処罰対象とする規範が存在するのであれば，規範の遵守を広く強制する力を持つ法執行機関や司法機関を備えて秩序維持を図る，というのは自然な発想であり，各国の国内社会で観られる警察組織や裁判所はこのような発想に基づいて設けられている。

　しかし，国家間の主権平等を前提とした分権的な性格を持つ国際社会においては，活動する警察組織や裁判所に規範の遵守を徹底して強制するための力を持たせることは難しく，刑事裁判もその例外ではない。第二次世界大戦直後の明確に戦勝国と戦敗国が存在する状況下で行われたニュルンベルク・東京裁判以後，国連安全保障理事会によって1990年代初頭に旧ユーゴスラヴィア国際刑事法廷（ICTY）とルワンダ国際刑事法廷（ICTR）が設けられたが，両法廷は実務において効果的に捜査や訴追への協力を義務として求める仕組みを備えていたわけではなく，活動地との溝や反発により国際刑事法廷が規範の遵守を強制する単純な図式は描けなくなっていった。2000年代以降は国連加盟国の協力を広範に求めるような国際法廷ではなく現地の政府が国連などと共同で設立する混合法廷（hybrid court）が主流化し，多数国間条約で設立された国際刑事裁判所（ICC）も，戦争

犯罪訴追の一義的な義務は各主権国家が担い，ICCはあくまで各主権国家による訴追を「補完」する，という位置付けがされている。

　規範の遵守を広く強制する力を持った機関を備える，という発想からすれば一見不十分な能力を持った司法機関への退行にも見える動きは，実際には分権的な国際社会で刑事裁判を行うことの現実が認識された結果とも考えられる。1951年発効のジェノサイド条約など国際法上の強行規範に触れる行為を訴追対象とする国際刑事裁判は，国内社会の司法機関の在り方から観た場合，規範の遵守を強制する能力において多くの場合欠点を抱えた「不完全」なものとして映る。この意味で「不完全な強制力」と「高い規範的正統性」（56頁）という本書が挙げる国際刑事裁判の特徴は，現代国際社会における刑事裁判の形を率直に描写している。

　本書は3部に分かれており，まず第1部に位置付けられる第1章において現代国際社会で行われる刑事裁判の特徴を「強制力」と「正統性」に着目して論じられている（18頁）。第二次世界大戦直後に実施されたニュルンベルク・東京裁判から，ICTYとICTR，ICC，そしてICC以外の混合法廷などを含む国際刑事裁判に触れ，主権国家を拘束して法の執行を担保する力は時代を下るごとに弱まっていると指摘される（21頁）。90年代以降の国際刑事裁判では被告の逮捕までの時間が長くなり，逮捕自体できず裁判が進まない状況も散見されている（24頁）。一方で，1966年に採択された国際人権規約などの国際人権法や，1949年に採択されたジュネーヴ4条約を皮切りに段階的に整備された国際人道法により，それらに反する行為を罪とする戦争犯罪の概念も普遍化したと指摘される（50頁）。また，国際・国内人権団体の活動で規範の浸透と発展が促され，制度化が進んだ（54頁）。その結果，現代国際社会の国際刑事裁判は「不完全な強制力」と「高い規範的正統性」を特徴として持つようになったと説明される。

　第2部では国際刑事裁判が抱える「平和と正義をめぐるディレンマ」について論考された。第2章では外交交渉論の観点から処罰の威嚇に焦点を当てた議論が行われている。国際刑事裁判の持つ抑止効果は，国内刑法の

一般予防の議論から自明のものとされてきた（60頁）。しかし，訴追対象者の合理性を期待することや分権的な国際社会で訴追を迅速・確実に行うことは難しく，抑止論によって国際刑事裁判の意義を説明することは困難だと述べられる（66頁）。一方で ICC が処罰対象とする主な戦争犯罪への免責を含む和平合意に国連が反対姿勢を取ったように，現代の国際刑事裁判は「処罰の威嚇」により規範の遵守を強制する政策方針に転換した（67頁）。この結果，国際刑事裁判に政治的判断から被疑者を免責する選択肢を奪い，一方で分権的な国際社会の裁判である以上処罰の威嚇を完璧にはできないというディレンマが生じたと説明される（70頁）。

　第3章と第4章では，ICC の事例から国際刑事裁判が抱えるディレンマが検証された。第3章ではウガンダ，コンゴ民主共和国，中央アフリカが自国で発生した戦争犯罪の訴追を ICC に付託した事例が検証された。これらの事例では国内の統治基盤が脆弱な中で政敵の駆逐手段として ICC への付託が行われた一方，国内では反政府勢力の免責による宥和政策が進められ，結果的に国際刑事裁判による「処罰の威嚇」と「不処罰の約束」の信憑性を低下させることで国内の紛争解決を困難にした（96頁）。続く第4章では国連安保理によって ICC に事件付託されたスーダンとリビア，そして ICC 検察官により捜査に着手されたケニアを事例に挙げている。国家元首を含む高官を対象としたこれらの事例で訴追が円滑に進まないのは，国際刑事裁判の強制力不足に加え，強制型の政策方針により交渉の余地なく ICC が訴追を続けるために訴追対象者の反発を招くためだと説明される（127頁）。

　第3部では深刻な人権侵害の加害者を刑事訴追すること自体が平和を阻害するかどうかが検討された。第5章では体制移行期に行われる刑事訴追の意義を論考している。伝統的に体制移行期の正義の追求は政治的安定を脅かす危険性から慎重に扱われてきたが，1990年代後半からは人権侵害への刑事訴追が求められるようになった（136頁）。これは現代国際社会において国家権力の正統性の源泉として個人の人権保障を求める国際規範の遵

守が求められるようになったためであり，人権団体などが形成する国際的な人権ネットワークの働きでこのような動きが生まれたと説明される（141頁）。しかし移行期の刑事訴追は国際支援を得る目的でしかないと評される場合や，現職の国家指導者が訴追された例が限定的であることが指摘されている（152頁）。

第6章ではシエラレオネとレバノンの事例を基に，必ずしも国際刑事裁判が国内の安定を導出しないと論じられる。シエラレオネの事例では実態として関係国による免責付与を伴う政治取引がリベリアのテイラー大統領の辞任と関係者の訴追を導いたのではないかと指摘される（160頁）。また，レバノンではハリーリ元首相の暗殺の実行犯の訴追のために設立されたレバノン特別法廷（STL）が，国内で躍進するヒズボラを捜査対象としたことで証人への脅迫やSTLの捜査官への攻撃が行われるようになり，混乱を生む一因となったと説明される（170頁）。

終章ではこれまでの議論を基に国際刑事裁判の意義を論じている。国際刑事裁判の法規範は「理想主義者」が主張するほど万能ではなく，「現実主義者」が主張するほど無力ではないと指摘され，それは今日の国際刑事裁判の特徴である「不完全な強制力」と「高い規範的正統性」に表れていると説明される（176頁）。国際刑事裁判は国際社会が国内統治に問題を抱える国々への内政関与を伴う国際安全保障政策（179頁）であり，国際刑事裁判は「国際法の支配に基づく新たな世界秩序」を作り出すものとされてきた（180頁）。しかし，国内社会で想定される中央集権的な法の支配を構築するのではなく，現実の国際刑事裁判は主権国家を「補完」することで規範的正統性を高め，規範の自律的遵守を促していると結論付ける（182頁）。

本書の議論が持つ大きな学術的な意義は，国際社会における刑事裁判の形が「国内的類推」でとらえられないということを明快に論じている点にあると考えられる。上述したように，「国際」刑事裁判に「国内」社会で期待されるような規範の遵守を強制する力を持たせることは，現時点では

単純に難しい。本書が終章で主権国家体制や国際社会の法の支配の議論に行き当たったように，それは国際刑事裁判が現代国際社会の姿を映しているためであり，国際刑事裁判の働きが国際政治学上の重要な議題の一つとして考えられることを示している。

　また，本書が終章で述べる国際刑事裁判が持つ主権の「補完」機能に関しては，更なる論考が必要とされる議題だと考えられる。本書は冒頭で「和平合意が結ばれ紛争が終結するかという短期的平和」に射程を絞ると述べ（1頁），主に和平合意をめぐる交渉への国際刑事裁判の影響を分析した。しかし国際立憲主義に基づき各国に人権をはじめとする価値規範の遵守を求めることは，実際にはその表れである自由主義的な平和構築や国家建設に観られるように長期的な試みであり，和平合意前後の局所で国家の刑事司法権の行使を代替する試みだけでは論じきることが難しい。国際刑事裁判が国内統治に問題を持つ国々の主権をどのように「補完」し得るのか，ということについては，それらの国々が自律的に規範を遵守するように統治上の課題を克服する長期的なプロセスの中で，国際刑事裁判がどのような役割を果たし得るのかということまで論じられる必要があると考えられる。

　以上のように，本書は現代国際社会における国際刑事裁判の実像と，それに関わる多様な議題を示した文献である。本書は専門的な研究図書として執筆されているが，これから国際刑事裁判について学ぼうとする初学者にとっても有益な文献であると考えられる。

［立命館大学＝移行期の正義研究］

おぞましい学知からの解放を求めて

松島泰勝・木村朗編『大学による盗骨──研究利用され続ける琉球人・ア
　イヌ遺骨』耕文社，2019年

「学問の自由」が問われるなかでの遺骨盗掘問題

　日本学術会議の会員決定過程への日本政府の介入が問題となっている。
筆者もこの政治介入に対し明確に反対する。だが，その一方で，「学問の
自由」がいかなる歴史を持ち，どのような営みとしてあった／あるのかに
ついて考えることも大切ではないかと思う。国家による学問への介入は一
方的になされてきただけでなく，学問の側が自ら進んでそれを招きいれ，
その介入過程に参加したり，利用してきた歴史があるからだ。その象徴的
な出来事の一つに，本書が批判する大学による琉球人・アイヌの遺骨の盗
掘問題がある。

　本書によれば，京都帝国大学助教授だった金関丈夫（1897〜1983年）が
1928〜29年に沖縄や奄美を訪問し，伊波普猷ら現地インフォーマントの
「紹介」や県や那覇市の「許可」を得て，百按司墓などから合計312体の人
骨を盗掘し，大学へと持ちかえった。それは学術的な調査──「さまざま
な地域の人々の骨の形状などを比較，分析する，形質人類学の研究の一
環」（本書20頁）──として行われた。

　北海道では，帝国大学医科大学の小金井良精，北海道帝国大学医学部の
山崎春雄や児玉作左衛門などの解剖学者がアイヌ墓地を「発掘」し，頭骨
の収集を行っていた。これも頭骨のサイズや形を計測し比較する，頭骨測
定学の学術調査としてである。この調査にも地元の医療や行政の関係者が

積極的に「協力」していた。北海道大学は戦後もアイヌの遺骨収集を継続していた事実も本書では紹介されている。

　こうして集められた遺骨の多くは，現在でも京都大学や北海道大学に保管されたままである。文部科学省の調査では，2017年時点で国内の12の大学に1676のアイヌの遺骨が「保管」されていたことが明らかとなった。北海道大学では1980年代までそれらを「動物実験室」に保管し，エゾオオカミやエゾシマフクロウの頭骨とともに置いていたという。

　こういった現状に対して，遺骨の返還と謝罪を求める運動がつづけられてきた。本書の特徴の一つは，アイヌや沖縄，奄美などからの運動参加者の声と経験が幅広く紹介されている点である。2007年の「先住民族の権利に関する国際連合宣言」採択に結実したグローバルな先住民運動とも連動しつつ，国内においては二風谷ダム訴訟などの先住民族の権利要求運動や反差別運動の進展の流れのなかで，遺骨返還運動が取り組まれてきた。返還に応じない大学を相手とする訴訟もつづいている。2018年12月には，沖縄の第一尚氏の子孫などを原告とし，沖縄・百按司墓から持ち出された遺骨の返還を京都大学に求める裁判が始まっており，この運動は現在進行形である。

反復される帝国主義のもとの大学と学知

　本書では，さまざまな執筆者が多面的に大学による遺骨盗掘問題を論じているが，筆者は本書がこの問題を過去の出来事とせずに，現在の大学や知のあり方をも批判的に検討している点に大きな意義があると考える。その意義を，過去と現在という二つの視点から確認しておきたい。

　第一に，遺骨の調査と収集は，帝国主義の版図拡大のなかで，その植民地主義の権力関係のもと実施されてきた。帝国主義と植民地主義は，優れた人種とそうでない人種，文明と未開，植民者と被植民者とを「科学」的に区分けし，日本帝国の拡大と植民地化を正当化する人種学的，優生学的な知を必要とした。冨山一郎が「誰を自分たちの仲間とみなし，だれを帝

国が新たに支配する他者とするのかという問題」として遺骨をめぐる調査・研究はあったと指摘しているとおりである（76頁）。このような研究の「おぞましさ」（70頁）は，日本帝国の軍事的・政治的・経済的な支配と抑圧の力を後ろ盾としながら，また，そのしくみを補強するかたちで積み重ねられてきた。

　また，このような学知はグローバルな帝国主義列強間の競争と相互作用のもとで形成されていた。ナチス・ドイツによるユダヤ人の人体計測と人骨標本の収集の歴史（70-71頁），前述の小金井がドイツ留学中に解剖学と人骨研究の手法を学んでいたこと（96頁），京都帝国大学による広島での原爆投下直後の生体資料の調査・収集と米軍による持ち去りと機密化（162-165頁）などの事例が紹介されている。このように大学とその学知はグローバルな帝国主義と植民地主義に影響を受け，また，その競争に参加してきたのである。

　第二に，以上のような歴史をふまえれば，この問題はけっして過去の出来事ではない。まず問題の「解決」が未完である。いまだ返還されていない遺骨は多くあり，大学は最新のDNA研究の材料として利用している。また，その返還方法についても，国や大学側が遺骨の所有権者＝祭祀承継者の存在とその特定にこだわり，それが明らかでない遺骨の返還には消極的な姿勢をとっている。日本政府は祭祀承継者が明らかでないアイヌの遺骨を，白老の「民族共生象徴空間」（ウポポイ）に集約保管する方針をとったが，それへの批判もあがっている（「民族共生」という言葉は大学も政府も好む言葉だが，それが植民地主義的な関係性において使われている点を確認しておく必要がある）。

　だが，遺骨問題が現在の問題であるのは上記理由だけではない。たとえば，植木哲也による次の指摘はとても重い。

　　大学はひたすら政府の決定を待つという姿勢に終始してきた。すべてを権力にまかせ，自ら判断することを避け，アイヌ民族との話合いに応じず，祭祀承継者への返還に固執し続けてきたのである。（中略）

ここから明らかなのは，日本の大学が行政機構の一歯車にすぎないと
　　いう事実である。権力に対抗して「学問の自由」が持ち出されること
　　はなかった。(112頁)

　大学が「学問の自由」によってではなく，国家という権威をよりどころ
にして遺骨問題に対処してきたと批判されている。このような大学の姿に，
かつての帝国主義に参加・協力した歴史が反復されているのを確認するこ
とができる。

　しかも，歴史の反復は遺骨の問題にとどまらない。冨山の言葉を借りれ
ば，遺骨問題は「たたき売りのように論文本数を数え上げ，ただ研究資金
の獲得が社会的評価だと勘違いしていくごくありふれた今日の研究風景と
しっかりと繋がっている」(74頁)。国によって煽られるグローバルな競争
のなかに私たち研究者はいる。研究者の言葉，身体，情動はすでに国家に
よって捕捉されている。遺骨返還運動への応答責任は，アカデミズムをそ
の内部から揺さぶり，それを別様に開く実践として求められている。

　民族という概念はどう生きられているのか——国家主権の外側へ

　最後に本書では十分に練り上げられていないと感じた点も記したい。そ
れは「民族」という概念についてである。

　たとえば，編者の松島は，「『民族』は自分が決めるものであり，変更可
能なものである。他方，『人種』は他人が決めるものであり，レッテルで
あるから常に危うさが伴う。『民族』は自己決定，『人種』は他者決定であ
り，性質を全く異にする集団概念である」(60頁) と区分けしている。

　だが，そのようにきれいに分けられるだろうか。民族も人種と同様に他
者との関係性のなかでつくられ，権力関係のなかで規定され，科学を動員
しながらその境界線が想像・措定される。ヘイトスピーチが跋扈している
ように，他者が民族を決める「危うさ」を私たちは日々目にしている。

　逆に，民族をその「当事者」=「自分」が決めたとしても「危うさ」は残
るのではないか。遺骨は血縁のような固定的・静態的な民族概念と結びつ

きやすい。骨や血は正しく純粋な民族とそうでない者とを区別する力学の起点ともなる。固定的・静態的な民族概念がその内外に排除や暴力を生み出してきたことは，歴史が示すとおりだ。

　これらの点をふまえるとき，私たちは民族という言葉をどのように使うことができるだろうか。示唆に富むのは，小田博志の次のような指摘である。

> 先住民族の権利を「先住権」と言うが，それは国家により奪われてきたものである。先住民の収奪は先住民族が国家に取り込まれることによって発生した。先住権は国家が奪う前の権利である。だから先住権とは国家以前の権利であり，国家の外部に位置する。論理的に考えると，先住権の回復とは，国家の主権を制限し，国家による支配から先住民族を解放していくことによって果たされるべきものである。憲法に関して言えば，先住権は国家を基礎づける法としての憲法の外にある。(146-7頁。強調は原文)

先住民族の解放運動が国民国家を超えたものとしてある，という重要な指摘である。また，小田は「アイヌは中央集権的な国家を形成せず，コタンや川筋の集団のように地域分散型の社会を単位として暮らしてきた」とし，「誰が遺骨の受け皿になるのか，そして先住権の主体は誰か」を考える必要があるとも述べている（150頁）。固定的で静態的な民族主体におさまりきらない，「多様な声」に開かれた運動の可能性が示唆されている。先住民族の解放運動は，自らの外と内にある国家主権的なものやナショナリズムを超えていく可能性を持つ，ということだろう。

　遺骨返還運動という脱植民地化を求める運動への応答とは，おぞましい学知を成立させてきた近代の原理を超えて，新たな共同性をつくる実践として求められているのではないだろうか。

［滋賀県立大学＝歴史社会学／社会運動研究］

日本平和学会の研究会活動

日本平和学会事務局

【日本平和学会2020年度 春季研究大会】
大会テーマ：コロナ危機に立ち向かう
開催日：2020年5月30日（土）・31日（日）
会場：オンライン開催

第1日：5月30日（土）
●10：00～12：00
「軍縮・安全保障」分科会
　テーマ：安全保障概念を問い直す
　報告：上野友也（岐阜大学）「膨張する安全保障——冷戦終結後の国連安全保
　　　　障理事会による人道的統治」
　討論：草野大希（埼玉大学）
　討論：クロス京子（京都産業大学）
　司会：中村長史（東京大学）

●13：00～15：00
「公共性と平和」分科会
　テーマ：新型コロナ禍と公共理念
　報告：宮脇昇（立命館大学）「COVID-19対策としての国境封鎖——移動の自
　　　　由と健康」
　討論：ナンジン・ドルジスレン（モンゴル戦略問題研究所）
　司会：玉井良尚（岡山理科大学）

●15：30～17：30
「アフリカ」分科会

テーマ：アフリカにおける環境保全活動
報告：高橋郷（早稲田大学大学院・NPO 法人 Little Bess International 代表）
　　　「アフリカの都市スラムにおける環境保全活動の可能性と実証研究——
　　　コロゴッチョスラムの事例から」
討論：蓮井誠一郎（茨城大学）
司会：古澤嘉朗（広島市立大学）

第 2 日：5 月 31 日（日）
● 9：30〜12：00
平和フォーラム連動緊急企画部会
コロナ危機に立ち向かう

第一部　身の回りの暴力を見据える

報告：安藤歴（大阪大学大学院）「学生の貧困を考える——新型コロナウィル
　　　ス感染拡大と非常事態宣言を受けて」
報告：近江美保（神奈川大学）「新型コロナウィルスとジェンダーをめぐる問
　　　題」
報告：勅使川原香世子（ことぶき共同診療所）
　　　「新型コロナ対策の現場で起こっていること——フィリピンと日本を中
　　　心に」
報告：安積遊歩「コロナ禍の中に跋扈する優生思想を問う」
モデレーター：川崎哲（ピースボート）

第二部　コロナ危機と新たなグローバル社会

報告：米川正子（筑波学院大学）「コロナ危機中も，なぜ紛争が止まらないの
　　　か」
報告：川崎哲（ピースボート）「コロナ危機が変える『安全保障』概念」
報告：蓮井誠一郎（茨城大学）「コロナウィルス禍から見た『環境問題』」
報告：竹中千春（立教大学）「パンデミック後の民主主義と国際社会」
モデレーター：佐渡紀子（広島修道大学）

●12：10〜12：30

総　会

【日本平和学会2020年度　秋季研究集会】
　大会テーマ：ポストコロナ時代における地球平和実現に向けての多元的取組
　開催日：2020年11月7日（土）・8日（日）
　会場：オンライン開催

第1日：11月7日（土）
●9：00〜11：30
部会1（23期広報委員会企画）
ラウンドテーブル　「足もと」の労働と平和——大学における非正規雇用研究者
の現実から平和を考える
　当事者による演奏：佐藤壮広（立教大学）「非常勤 Blues——非正規雇用・非
　常勤のことばを聴く」
　報告：平林今日子（京都大学）「若手及び非正規雇用研究者が置かれた現状と
　　　　要求について——『非正規アンケート』回答結果及び『非正規フォー
　　　　ラム』での訴えをもとに」
　報告：西村誠（共同通信社社会部次長・新聞労連産業政策部長）「非正規雇用
　　　　問題の経過と課題——構造的暴力の視点を交えて」
　討論：清末愛砂（室蘭工業大学）
　討論：清水奈名子（宇都宮大学）
　司会：猪口絢子（大阪大学大学院生）

自由論題部会1
　報告：森本麻衣子（青山学院大学非常勤講師）
　　　　「中華人民共和国における抗日戦争の語りにみられる言語転換，その含
　　　　意——二つの事例の対比から」
　報告：中沢知史（南山大学講師，京都外国語大学ラテンアメリカ研究所客員
　　　　研究員）
　　　　「『インディオのいない国』の先住民運動——現代ウルグアイにおける

チャルーア運動による歴史的記憶回復の試み」
　　討論：楊小平（島根大学）
　　討論：木村真希子（津田塾大学）
　　司会：佐藤史郎（東京農業大学）

●12：00〜14：00
分科会
①「平和学の方法と実践」分科会
　　テーマ：セキュリタイゼーションと平和研究
　　報告：西海洋志（聖学院大学）「セキュリタイゼーション・ディレンマ再論
　　　　　──Covid-19と共に」
　　討論：杉木明子（慶應義塾大学）
　　司会：上野友也（岐阜大学）

②「植民地主義と平和」分科会
　　テーマ：大学と研究の植民地主義を問うラウンドテーブル
　　話題提供者：小田博志（北海道大学）「北海道大学と植民地主義──『北海道
　　　　　大学もうひとつのキャンパスマップ』を手がかりに」
　　話題提供者：上村英明（恵泉女学園大学）「琉球・アイヌ民族の遺骨問題と大
　　　　　学・研究機関」
　　司会：藤岡美恵子（法政大学）

③「環境・平和」分科会
　　報告：堀尾藍（フェリス女学院大学ボランティアセンター）「シモーヌ・ヴェ
　　　　　イユと国際刑事裁判所（ICC）──中東・アフリカにおける平和構築に
　　　　　対する女性の役割」
　　司会：石原明子（熊本大学）
　　討論：鴫原敦子（東北大学）

④「ジェンダーと平和」分科会
　　テーマ：戦時性暴力の再検討

報告：土野瑞穂（明星大学）「紛争下における女性への性暴力の安全保障化
　　　　──インターセクショナリティの視点から考えるその意義と課題」

討論：秋林こずえ（同志社大学）

司会：和田賢治（武蔵野学院大学）

⑤「グローバルヒバクシャ」分科会

テーマ：私たちは何を「継承」していくのか

報告：四條知恵（長崎大学）「『証言』を再考する──ろう者の被爆体験記の
　　　　分析より」

問題の提起：森口貢（長崎証言の会）

討論：石橋星志（大阪経済法科大学）

司会：桐谷多惠子（長崎大学核兵器廃絶研究センター）

⑥「平和と芸術」分科会

テーマ：「ワークショップ　川柳で表現！　平和の一句　2020」

報告・ファシリテーター：佐藤壮広（立教大学）

司会：奥本京子（大阪女学院大学）

●14：10〜15：20

総　会

第7回日本平和学会平和賞・平和研究奨励賞授与式

●15：30〜18：00

部会2（平和賞関連・第23期企画委員会企画）

継承される抵抗

報告：Sung-Hee Choi（Ganjeong Village International Team）
　　　"Resistance to Vanishment"

報告：藤田明史（立命館大学）
　　　「現代において非暴力による社会変革は可能か──山本宣治『戦争の生
　　　物学』から考える」

報告：上村英明（恵泉女学園大学）

「国際（人権）規準をつかった市民的抵抗――孤立したと思わせること
　　が，敵の戦略」
　報告：林田光弘（「ヒバクシャ国際署名」キャンペーンリーダー）
　　「ヒバクシャ国際署名活動にみる被爆体験の継承――石田忠の論理から
　　の考察」
　討論：竹中千春（立教大学）
　司会：小田博志（北海道大学）

部会3　（2020年度秋季研究集会開催校〔横浜市立大学〕企画）
**地球規模課題解決におけるグローバル・ガヴァナンスの有効性とオルタナティ
ブ**
　報告：西谷真規子（神戸大学）「グローバル・ガバナンスの有効性と正統性に
　　関する一考察――間接性とソフト性の再考」
　報告：速水淑子（横浜市立大学）「J. ハーバーマスにおける世界社会の立憲化
　　と連帯の構想」
　報告：杉浦功一（和洋女子大学）「グローバル民主主義論から見たグローバ
　　ル・ガヴァナンスと世界政府論」
　討論：渡邊智明（福岡工業大学）
　司会兼討論：上村雄彦（横浜市立大学）

第2日：11月8日（日）
●9：00～11：30
部会4　（2020年度春季研究大会開催校〔高千穂大学〕企画）
平和教育と市民教育の現在
　報告：村上登司文（京都教育大学）「現代日本の平和教育――社会学的視点か
　　ら」
　報告：阿知良洋平（室蘭工業大学）「平和学習において技術を捉える意味――
　　平和教育の困難な現状との関連で」
　報告：鈴木隆弘（高千穂大学）「平和教育と市民教育――新科目『公共』実施
　　と公民教育の関係から」
　討論：ロニー・アレキサンダー（神戸大学）

討論：暉峻僚三（中央大学）

司会：高部優子（横浜国立大学大学院）

部会 5 （第23期企画委員会企画）
「原爆被害」の語りを再考する──〈語られないもの〉という視点から

報告：鄭美香（長崎大学大学院博士課程）「韓国における原爆の表象──共有されなかった在韓被爆者の記憶」

報告：桐谷多恵子（長崎大学核兵器廃絶研究センター）「いま，沖縄の被爆者が伝えたいことは何か」

報告：山口響（長崎大学核兵器廃絶研究センター・長崎の証言の会）「原爆被災と女性──8・9とその後」

討論：竹峰誠一郎（明星大学）

討論：根本雅也（松山大学）

司会：四條知恵（長崎大学）

●12：00～14：00
分科会
①「憲法と平和」分科会

テーマ：中国における立憲主義

報告：石塚迅（山梨大学）「現代中国における『はん立憲主義』」

討論：加治宏基（愛知大学）

司会：稲正樹（元国際基督教大学）

②「軍縮・安全保障」分科会

テーマ：グローバル安全保障を問い直す

報告：草野大希（埼玉大学）「シリア紛争における『保護する責任』規範の『濫用』」

討論：杉浦功一（和洋女子大学）

討論：華井和代（東京大学）

司会：中村長史（東京大学）

③「アフリカ」分科会

テーマ：Peace Efforts in Sub-Saharan Africa

報告：Victor Kofi Afetorlom Doke（広島市立大学大学院）'The Role of Civil Society Organizations in Preventing Violent Conflict: The Case of Bawku Conflict in Northern Ghana'

報告：Emmanuel Vincent Nelson Kallon（東京外国語大学大学院）'Challenges to Liberal Post-Conflict Peacebuilding in Sierra Leone： A Case Study of Viability of Liberal Peacebuilding in Africa'

論者：井上実佳（東洋学園大学）

論者：田辺寿一郎（熊本大学）

司会：藤本義彦（呉工業高等専門学校）

④「戦争と空爆問題」分科会

テーマ：中国国民政府の戦犯追及

報告：伊香俊哉（都留文科大学）「中国国民政府のＢＣ級戦犯裁判」

報告：小林元裕（東海大学）「東京裁判と中国——中国検察官の活動を中心に」

司会・討論：永井均（広島市立大学）

⑤「琉球・沖縄・島嶼国及び地域の平和」分科会

テーマ：琉球人遺骨にとっての平和とは——「研究による暴力」に対する先住民族の抵抗と祈り

報告：太田好信（九州大学）「なぜ，遺骨返還要求と向き合うことが大切か——プレゼンティズム（presentism）の限界と可能性」

報告：池田光穂（大阪大学）「琉球人遺骨返還運動と文化人類学者の反省」

報告：松島泰勝（龍谷大学）「琉球人遺骨を巡る学知の植民地主義の構造——京都大学・日本人類学会・沖縄県教育委員会の『人骨研究』は琉球先住民族にとって何を意味するのか」

司会：瀬口典子（九州大学）

●14：10〜16：40

部会6　（2020年度秋季研究集会開催校〔横浜市立大学〕企画）

アフリカにおける「下からの」自立支援

報告：戸田真紀子（京都女子大学）「アフリカにおける紛争の現状と原因，そして今後の展望――国民を守る政府を求めて」

報告：高橋基樹（京都大学）「アフリカの開発と貧困を再考する――自立と依存の二項対立を超えて」

報告：吉田真衣（テラ・ルネッサンス）「脆弱国家の人々に対する草の根支援からの一考察－コンゴ民主共和国における紛争被害女性に対する支援を事例に」

討論：小川真吾（テラ・ルネッサンス）

司会兼討論：峯陽一（同志社大学）

自由論題部会2

東南アジアの最前線

報告：藤原尚樹（神戸大学大学院博士後期課程）「『スラムのない都市』と包摂の言説――フィリピン・マニラを事例に」

報告：小阪真也（立命館大学）「移行期の正義と恩赦をめぐる立憲的統制――インドネシアにおける規範の適用過程と結果」

討論：松野明久（大阪大学）

討論：佐竹眞明（名古屋学院大学）

司会：古沢希代子（東京女子大学）

部会7　（平和教育プロジェクト委員会企画）

オンラインワークショップ：新型コロナウイルス感染拡大が気づかせてくれた平和教育の可能性

ファシリテーター：ロニー・アレキサンダー（神戸大学），奥本京子（大阪女学院大学），笠井綾（宮崎国際大学），鈴木晶（横浜市立東高校），高部優子（横浜国立大学大学院），暉峻僚三（川崎市平和館），中原澪佳（新潟大学大学院），松井ケティ（清泉女子大学）

SUMMARY

Split Nations and Politicization of "Immigrant–Refugee Problems": Considering Europe's 2015-2016 Crisis

MIYAJIMA Takashi

Structural violence to suppress or eliminate ethnic minorities engenders serious conflicts in society. In modern European history, unlike in America, "immigrants" have often been seen as "invaders" or "illegitimate objects" (G. Noiriel). Nevertheless, each member state of the European Union adheres to the principles of a liberal, open, and multicultural society, as in the European Community after World War II. As citizens become more cosmopolitan and receptive to different cultures, a "welcome culture" toward immigrants and refugees should develop. However, in some countries, up to half of the citizens do not feel that they benefit from the EU economy or its free movement system, a perspective that is most pronounced among manual workers, self-employed workers, farmers, the unemployed, etc. For them, an open Europe is perceived as a threat that encourages the free movement of workers as well as capital and goods, thereby resulting in the uncontrollable flux of immigration. By exploiting their anxiety and fear, right populist parties progressed remarkably in Europe in 2010. Concentrating on repeated Islamist terrorist attacks in France and on the arrival of large numbers of refugees from Syria and North Africa (2015-2016), these parties constructed an antimigrant narrative claiming that the offenders had been raised and fostered in the *milieu* of immigrant communities. Furthermore, they asserted that the acceptance of refugees would directly or indirectly threaten the lives of nationals, thus constructing a so-called "refugee problem." Such is the case in Hungary, where the majority of nationals expressed opposition to admitting refugees in line with views set out by a political leader. However, overall, citizens in Western countries lean toward accepting settled immigrants as fellow citizens rather than excluding and marginalizing them.

Questioning Identity in an Increasingly Multicultural Japan

SATAKE Masaaki

Although Japan is becoming multicultural, as is evident in the country's growing number of foreign migrants; racist policies, and racial slurs persist. Japan had expected to host a large number of foreign visitors during the 2020 Tokyo Olympics and Paralympics. Although these events have been postponed until the summer of 2021, due to the ongoing Coronavirus pandemic, such events allow for reflective inquiry into Japan's foreign population as it relates to the Japanese sense of national identity.

In order to participate in the Olympic Games, some mixed-race athletes have relinquished their Japanese nationality and opted for their non-Japanese parent's nationality. These athletes actively pursue their goals of participating in their own chosen sport. In addition, in recent years, a growing number of foreign migrants have contributed to Japanese sports by becoming professional sumo wrestlers.

Finally, this paper explores current Japanese laws and ordinances that restrict and ban the hate speech of the far-right organizations, which target racial minorities. Such proactive laws and ordinances require wider support to eliminate discrimination, thereby putting an end to the structural violence, which surrounds migrant communities.

Analyzing the Political Phenomenon of Moving from "Post-Nation-State" to "Re-Nationalization"

HATAYAMA Toshio

Since the creation, of the nation state, each nation has entrusted its life and peace to elected governments.

When a government initiates a war, the lives and fortunes of the nation are sacrificed on the pretext that it is beneficial to the nation. Since the end of the Second World War, and out of this regretful situation, the benefits of the nation state have been realized, guaranteeing the economic and social development of the nation.

In the 1980s, as globalization gained momentum, nation states could no longer guarantee economic prosperity and social stability. Numerous difficulties began to emerge, including higher unemployment, an increase in non-regular employment, the decline of local industries, and increasing numbers of immigrants and refugees. Governments were no longer able to solve these problems alone.

European nation states sought to conquer these difficulties by creating a supranational union of European countries. However, this did not lead to revolutionary achievements, leading to an increase in frustration and distrust of the supranational organization by the individual states. As a result, certain states now prefer to enjoy their profits and deal with their security issues at the nation state level, once again.

This paper focuses on the political phenomenon of "re-nationalization."

A Conflict between National Self-Determination and International Peace

KIKKAWA Gen

The problem of national minorities arises from the conflict between the ideal of the homogeneous nation state and the reality of ethnic heterogeneity. National minorities are regarded as potentially subversive elements when they are perceived as potential allies to the states from which they have come or to which they have ethnic ties. During times of war and during post-war peace settlement negotiations, the exchange and transfer of national minorities is often conceived as a means of punishing aggressive states and their accomplices in other countries. This is the logical consequence of the doctrinal ascendency of nation building in the modern state. In fact, the transfer of national minorities is the definitive solution to the question of nationality. Throughout the 20th century, large scale population transfer and population exchange occurred during three major changes in the international order: World War I, World War II, and at the end of the Cold War. It is generally regarded that each of these instances of ethnic cleansing, took place as part of a peace settlement. This article challenges conventional wisdom regarding the ethnic cleansing that has taken place at these major changes in the international world order.

This article presents two central arguments. First, I argue that the transfer of national minorities took place as a means to prevent future conflict. Second, I argue that the ethnic cleansing that took place at the end of major wars was carried out for the purposes of building homogeneous nations.

The Politics of the Perpetrator and Norm Institutionalization: The Masscares during the Vietnam War and South Korea's Evolving Vietnam Policy

YUN Jaeun

In world politics, South Korea is generally perceived as a victim. Due to its experiences during the colonial era, one of the identities that Korea claims is as a victim of Japan. However, a massacre committed by Korean soldiers during the Vietnam War calls this position of victimhood into question.

This paper illustrates and analyzes the process of Korean foreign policy-making with regard to Vietnam, following the revelation of the massacre in a magazine story in 1999. It is of importance that the government administration that had to deal with this issue was that Kim Dae Jung. Prior to becoming president of the Republic of Korea in 1998, Kim was a politician who fought for democracy and human rights, and his was the first peaceful power shift after a long era of dictatorship.

The slogan of the Kim administration was 'Human rights and peace'. At a 2001 Korea-Vietnam summit, Kim admitted to and apologized for atrocities committed against Vietnamese civilians by Korean soldiers. He promised to promote economic cooperation, including overseas development aid. This repentant attitude, accompanied by a focus on economic cooperation, continued with the next administration, despite its different political position.

Kim's successor, Roh Moo Hyun, improved his predecessor's foreign policies, by paying respect to Ho Chi Minh and reforming economic policies. The next two (conservative) administrations, led by Lee Myung Bak and Park Geun Hye, also followed Kim's policies toward Vietnam. Such actions do not reflect fundamental changes in views on the Vietnam War, but emerge from a concern for Korea's economic interests and its relationship with Vietnam. This pattern has grown more significant since Moon Jae In was elected president, resulting in Korea now perceiving itself as a perpetrator.

編 集 後 記

　ここに『平和研究』55号の編集を終えることができたが，まず，当初予定されていた発行時期より半年近く遅れたことを会員のみなさまにお詫びせねばならない。本号が紙媒体での最後という節目の号であることからも，また，オンラインジャーナルとして新たに出発する56号の準備に影響を与えたであろうことからも，発行が遅れたことに対する編集担当者の責任は重い。原稿の提出締め切りを守っていただいた執筆者の方々，とくに投稿論文執筆者の方々には，原稿提出から発行まで1年近く待たせてしまったことをお詫びしたい。2020年4月の緊急事態宣言発出に伴い生活が一変し，大学では遠隔授業の準備と対応に追われた。大学教員としてこれまで経験したことがない事態であり，多くの時間と労力を割かれてしまった。ただ，こうしたことは言い訳に過ぎない。

　本号のテーマを「国民統合」としたいと当時の編集委員長の浪岡新太郎から依頼されたのは2018年6月頃だった。2019年7月には特集の趣旨説明文を完成させる必要があったが，これがなかなか難しかった。もう一人の編集担当である中村都の協力を得て，趣旨説明文が完成したのは秋になってからであり，特集テーマは「今，平和にとって「国民」とは何か」となった。投稿申請期限を12月末，投稿論文提出締切を2020年2月末とした。こうした日程を設定した段階では新型コロナウイルスなど想像すらしていなかった。

　編集作業過程でCOVID-19の影響が長期化し，深刻化さえすることが明らかになった。本稿執筆段階では2度目の緊急事態宣言発出が報じられている。「今，平和にとって「国民」とは何か」というテーマの「今」に，「コロナ禍の今」が加わったと言ってよい。それが中村都による詳細な巻頭言に表れている。本号の論文執筆者がさまざまに焦点を当てた「今」，平和にとって「国民」とは何かを考えるにあたり，独立論文とも言える巻頭言が焦点を当てた「コロナ禍の今」が「国民」と平和の関係にどのような影響を与えるのかを考えて行かねばならないだろう。

　最後に，こうして本号を無事発行できたのは，早稲田大学出版部の畑ひろ乃さんのおかげである。遅々として進まなかった編集作業をお詫びするとともに，感謝の意をここに表したい。

中野裕二

日本平和学会設立趣意書

　1960年代後半から平和研究の世界各地での制度化の傾向にはいちじるしい進展が見られる。しかし日本においては，未だ制度としての平和学会は存在せず，戦後28年を経てわれわれは，おくればせながら日本の平和研究の立ちおくれについて自覚せざるをえない状況に立ちいたった。世界でユニークな平和外交の展開さるべき日本外交の動きの鈍重さの理由も，ここに一つの原因を発見さるべきであろう。これは日本国内の問題としてのみ提起さるべきではない。むしろ，世界的な問題として提起さるべきであろう。

　われわれは早急にこの立ちおくれを克服し，被爆体験に根ざした戦争被害者としての立場からの普遍的な平和研究を制度化しようと考えている。他方，70年代の日本は今後アジアの小国に対しては，再び加害者の立場に移行する危険性をも示しはじめている。日本平和学会はあくまで戦争被害者としての体験をすてることなく，将来日本が再び戦争加害者になるべきでないという価値にもとづいた科学的，客観的な平和研究を発展させようと考えている。研究は客観的，科学的であるべきであるが，研究の方向づけにおいてけっして道徳的中立性はありえない。

　われわれは行動科学的かつ計量的な研究方法を十分に使用することはもちろんであるが，他方，伝統的な歴史的あるいは哲学的方法の長所もすてることなく育成してゆきたい。多様な研究方法を統合して長期的な平和の条件を確立するために役立つ真に科学的，客観的な戦争と平和に関する研究を促進，発展させることが本学会設立の真のねらいである。

　われわれは研究成果が現存制度によって利用されることを望む。しかし他方，われわれは決して単なる政策科学にとどまることに同意しない。現存制度による知識の悪用に対しては絶えざる批判を続けるいわゆる批判科学をも発展させたいと考えている。

1973年9月

（注）

本設立趣意書第2段にある「アジアの小国」について，趣意書が書かれた時点の意図は判明しないが，現在の観点からすると誤解を招きかねず，適切とはいえない表現であると判断する。しかし，本趣意書の歴史的文言としての性格に鑑みて，

趣意書そのものを書き改めるわけにはいかないと判断し，原文のままとして，本注記を付すこととした。日本平和学会は，日本が大国であると考えるわけでも，アジアの国々を大国，小国と区分けしようとする意図があるわけでもないことをお断りしておく。

（2004年11月6日，第16期理事会）

日本平和学会第24期（2020年1月1日～2021年12月31日）

【執行部】

会　　　長	竹中千春	副　会　長	小田博志　毛利聡子	
財務委員長	前田幸男	財務顧問	佐伯奈津子	
企画委員長	佐藤史郎	副企画委員長	木村真希子	
編集委員長	清水奈名子	副編集委員長	黒崎輝	
広報委員長	奥本京子	副広報委員長	高部優子	
国際交流委員長	加治宏基	学会賞選考委員長	君島東彦	

平和教育プロジェクト委員長　高部優子

「3・11」プロジェクト委員長　蓮井誠一郎

「気候変動と21世紀の平和」プロジェクト委員長　前田幸男

将来構想 WG 主任　小田博志

倫理綱領・人権ハラスメント WG（仮称）主任　毛利聡子

50周年基金 WG 主任　佐々木寛

50周年企画 WG 主任　黒田俊郎

『平和学事典（仮）』編集幹事　竹中千春　石田淳　黒田俊郎

2021年度春季研究大会開催校責任者　中村文子

2021年度秋季研究集会開催校責任者　上野友也

分科会責任者連絡会議世話人　上野友也

事　務　局　長　近江美保

【理事】＊は地区研究会代表者

［北海道・東北］　小田博志　黒崎輝　佐藤史郎　＊鳴原敦子　中村文子

［関東］　青井未帆　阿部浩己　石田淳　上村雄彦　上村英明　内海愛子　遠藤誠治
近江美保　勝俣誠　川崎哲　木村真希子　五野井郁夫　清水奈名子
高原孝生　高部優子　竹中千春　＊竹峰誠一郎　蓮井誠一郎　平井朗
古沢希代子　前田幸男　毛利聡子　米川正子

日本平和学会会則

第1条　本会の名称は日本平和学会（The Peace Studies Association of Japan
　　　　[PSAJ]）とする。

第2条　本会は国家間紛争に焦点をおき，これに関連したあらゆる紛争の諸原
　　　　因と平和の諸条件に関する科学的研究を行い，関連諸領域の学問的発
　　　　展に資することを目的とする。

第3条　本会は次の活動を行う。
　　（1）　研究会および講演会の開催
　　（2）　会員の研究成果の刊行
　　（3）　内外の学会その他関連諸機関との連絡および学者間の交流
　　（4）　その他本会の目的を達成するに必要かつ適当と思われる諸活動

第4条　本会への入会は会員2名の推薦を要し，理事会の議を経て総会の承認
　　　　を得なければならない。また，在外会員（留学生は除く）については，
　　　　しかるべき研究機関の推薦状によって会員2名の推薦に代替させるこ
　　　　とができる。ただし，本会の研究成果が戦争目的に利用されるおそれ
　　　　のある機関あるいは団体に属するものは原則として入会できない。

第5条　会員は本会の刊行物の配布を受け，各種の会合に出席することができ，
　　　　完全な投票権行使の権利と役員になる権利を持つ。

第6条　退会を希望する会員は会長宛てに退会届を提出し，事務局（業務委託
　　　　先）に退会届が到着した日付をもって，退会したものとする。既納の
　　　　会費は事由の如何を問わず，これを返還しない。

第7条　会員は所定の会費を納める。2年以上にわたって会費を納めない者は
　　　　原則として会員たる資格を失う。

第8条　会員は退会する場合，会費未納につき会員たる資格を失う場合のいず
　　　　れも，未納会費を清算する。

第9条　会員としての権利の濫用がなされた場合，また平和学会の目的に反す
　　　　る活動を主宰あるいはこれに参加した場合は，一定の手続きを経たう
　　　　えで，本会から除名されることがある。

第10条　通常総会は毎年1回，臨時総会は必要に応じ理事会の議を経て，会長

が招集する。

第11条　総会の決議は出席した会員の過半数による。ただし，会則の変更は出席した会員の3分の2以上の同意をもってこれを決定する。

第12条　本会に理事を若干名おく。

第13条　理事は会員の投票に基づき，総会において選出される。理事は理事会を構成し，学会の業務を管掌する。理事の任期は2年とし，再選を妨げない。

第13条の2

(1)　理事会の定足数は，出席者および委任状提出者を併せ，理事の過半数とする。

(2)　理事会の決議は，出席者および委任状提出者合計の過半数の賛成をもって成立する，ただし，会則の変更その他理事会自らが指定した重要事項については，同三分の二以上の賛成によるものとする。

(3)　特に必要と認める場合，理事会は，単純多数決で行う別の決議により，理事会決議の成立を出席しかつ投票する者の三分の二以上の賛成にかからしめることができる。この場合，定足数は，理事の過半数の出席とする。

第14条　会長は理事の中から互選される。会長は本会を代表し，その業務を統轄する。会長の任期は2年とする。

第15条　会長は理事の中から副会長および他の役員を指名できる。副会長は会長を補佐し，かつ会長がその職務を執行できない場合には，会長の職務を代行する。副会長の任期は2年とする。

第16条　本会に賛助会員を置くことができる。賛助会員については別に定める。

第17条　本会に名誉会員を置くことができる。名誉会員については別に定める。

第18条　本会の会費は年10,000円とする。ただし，学生会費は年5,000円とする。

第19条　会計年度は4月1日から翌年3月31日までとする。

第20条　本会に事務局を置く。事務局の所在は別に定める。

付則

1．この会則は1973年9月10日より実施する。

2．この会則は1979年11月24日より実施する。

3．この会則は1988年6月5日より実施する。

4．この会則は1990年11月24日より実施する。

5．この会則は1991年11月9日より実施する。

6．この会則は1993年11月14日より実施する。

7．この会則は1994年11月21日より実施する。

8．この会則は1996年6月15日より実施する。

9．この会則は2001年6月2日より実施する。

10．この会則は2004年11月6日より実施する。

11．この会則は2010年11月6日より実施する。

12．この会則は2017年11月25日より実施する。

倫理綱領
　　(1)　会員はすべて平和に資する研究を行う。
　　(2)　会員はすべて研究に際して社会的責任を自覚する。
　　(3)　会員はすべて軍事化に加担しない。

再入会に関する規則

（目的）

第1条　この規則は，日本平和学会会則（以下「会則」という）第4条に基づき，日本平和学会（以下「本会」という）への再入会について必要な事項を定めるものとする。

（再入会手続き）

第2条　本会への再入会希望者は，会員2名の推薦を得て所定の再入会申込書を提出し，理事会の議を経た後，総会の承認を得なければならない。

（滞納会費）

第3条　会則第7条に基づき会費を滞納して会員たる資格を失った者が再入会を希望する場合は，再入会の際，1年分の会費を納入することとする。なお納入する会費額は，再入会時点での会費額とする。

（補則）

第4条　この規則の実施に関し必要な事項は，理事会の決定に従い，会長が別

に定めるものとする。

（改正）

第5条　この規則は，必要と認めた場合，理事会の決議により改正することができる。

附則

この規則は，2015年11月28日より実施する。

理事会電子メール審議規程

第1条　この規程は，日本平和学会会則第11条（理事会の構成と任務）および第11条の2（理事会の定足数と決議）を補うものとして定められる。

第2条　理事会は，迅速な対応を求められる重要な案件について決議を成立させるために，電子メール審議を行うことができる。電子メール審議は，全理事を網羅している理事会メーリングリストを利用して行うものとする。

第3条　電子メール審議は，重要な案件について緊急に必要な場合に限るものとし，電子メール審議の案件を提案できるのは会長のみとする。

第4条　提案の電子メールが発信されてから1週間程度を審議期間とする。

第5条

(1)　電子メールの発信内容は，受信者にとってわかりやすい表示および内容とする。

(2)　タイトル欄の冒頭に【日本平和学会理事会電子メール審議 mm/dd まで】と表示する。

(3)　審議案件は明確な表現にて下記を簡潔にまとめる。

・審議案件

・審議依頼内容

・賛否回答の要請（依頼は賛成，反対を明確に表明できる構成とする。）

・回答期限（期日・時間を明確にする。）

第6条　審議内容に意見がある場合は，審議参加者全員宛に意見を送る。

第7条　回答期限までに，理事総数の3分の1以上の理事が異議を表明しない

場合，その提案は承認されたものとし，理事会の決議として成立する。

第8条　電子メール審議のプロセスで，提案に修正を求める意見が表明された場合，会長は当初の提案を修正して再提案することができる。その後のプロセスも上記第4条から第7条の規定にしたがう。

第9条　電子メール審議にかかわるメールは，学会事務局が保管する。

第10条　成立した決議の内容は，会長が次の理事会で報告する。

附則　この規程は，2016年3月20日より実施する。

賛助会員に関する規則

（目的）

第1条　この規則は，日本平和学会会則（以下「会則」という）第14条に基づき，日本平和学会（以下「本会」という）の賛助会員について必要な事項を定めるものとする。

（賛助会員の定義）

第2条　賛助会員とは，本会の目的及び活動に賛同する法人又は団体とする。

第2条の2　賛助会員は，本会における投票権行使の権利と役員になる権利を持たない。

（入会手続き）

第3条　賛助会員になろうとする者は，理事1名を含む会員2名の推薦を得て所定の入会申込書を提出し，理事会の議を経た後，総会の承認を得なければならない。

（会費）

第4条　賛助会員は次の会費（年額）を納入しなければならない。

第4条の2　賛助会員の会費は1口30,000円（年額）とする。

（賛助会員の特典）

第5条　賛助会員は次の特典を享受することができる。

　（1）　本会が刊行する学会誌の配布（各号1冊）を受けること。

　（2）　本会が発行するその他の刊行物の配布を無料で受けること。

　（3）　研究大会及び研究集会において報告を行い，又は学会誌に投稿すること。

(4)　研究大会及び研究集会の懇親会に2名まで無料で参加すること。

　　(5)　本会の行う各種の行事に参加すること。

（退会）

第6条　賛助会員は所定の退会届を会長に提出することにより，いつでも退会することができる。

第6条の2　2年以上にわたって会費を納めないものは，原則として賛助会員たる資格を失う。

第6条の3　第1項の場合，既納の会費は事由の如何を問わず，これを返還しないものとする。

（補則）

第7条　この規則の実施に関し必要な事項は，理事会の決定に従い，会長が別に定めるものとする。

（改正）

第8条　この規則は，必要と認めた場合，理事会の決議により改正することができる。

附則

この規則は，2015年7月18日より実施する。

名誉会員規定

　　(1)　理事会は，理事を20年以上務めるなど本学会に多大の貢献のあった70才以上の会員を，本人の同意を得て，名誉会員とすることができる。理事会は，これを総会に報告する。

　　(2)　名誉会員は会費納入義務を負うことなく会員の資格を継続するが，理事選挙における選挙権および被選挙権ならびに総会における議決権を有さない。

日本平和学会

会長　竹中千春
事務局
　221-8686　横浜市神奈川区六角橋3-27-1
　神奈川大学　法学部　近江研究室
　E-mail: office@psaj.org
　http://www.psaj.org/

今、平和にとって「国民」とは何か［平和研究　第55号］

2021年2月24日　初版第1刷発行

　　　　　　編　者　日 本 平 和 学 会
　　　　　　発行者　須 賀 晃 一
　　　　　　発行所　株式会社 早稲田大学出版部
　　　　　　　　　　169-0051　東京都新宿区西早稲田1-9-12
　　　　　　　　　　☎03-3203-1551
　　　　　　　　　　http://www.waseda-up.co.jp/
　　　　編 集 協 力　有限会社アジール・プロダクション
　　　　印刷・製本　精文堂印刷株式会社

ⓒ 2021　日本平和学会　　　　　　　　Printed in Japan
　　　　ISBN978-4-657-21003-6
　　　　ISSN(国際標準逐次刊行物番号)0385-0749